JN168570

ガリレオと新しい学問

マーチン・サジェット　　おおつかのりこ／訳

玉川大学出版部

Picture Acknowledgements

The publishers wish to thank the Science Museum for permission to use their pictures on pages 34, 39, 44, 58, 99. Other pictures supplied by BBC Hulton Picture Library, frontispiece; Ann Ronan Picture Library, 11, 12, 23, 27, 35, 36, 41, 52, 67, 75, 76, 78, 90, 93, 102; Mansell Collection, 11, 15, 17, 22, 30, 34, 39, 50, 62, 64, 82, 85, 104; Mary Evans Picture Library, 20, 25, 45, 47, 67, 73, 87. The remaining pictures are from the Wayland Picture Library.

Galileo and the Birth of Modern Science by Martin Suggett
Copyright©1981 by Wayland Publishers Ltd
Japanese translation rights arranged with HODDER AND STOUGHTON LIMITED (on behalf of Wayland, a division of Hachette Children's Group) through Japan UNI Agency, Inc., Tokyo

はじめに

おおつかのりこ

ガリレオ・ガリレイは、遠いむかしの人です。どのくらいむかしかというと、人びとが「地球は動かず、太陽や星が地球のまわりをまわっている」と信じていた時代です。数字であらわすと、いまからだいたい400年まえになります。

現代《げんだい》のみなさんは、地球がまわっていないと信じるなんておかしいと思うでしょう。けれどもガリレオの時代には、「地球がまわっている」というと、ほかの人たちから、おかしいとわらい者にされたのです。それどころか、牢獄《ろうごく》に入れられ、火あぶりにされることさえありました。

それでもガリレオは、自分の目でたしかめたり、実験してわかったことをもとにしたりして、地球がまわっていることを証明《しょうめい》しようとしました。そのために、教会から重い罰《ばつ》を受けたのです。

ガリレオのお墓《はか》には、望遠鏡をもって地球のうえに手をおくガリレオの像《ぞう》が立っています。このように天体とのかかわりで世に知られるガリレオですが、もともとは、機械や力の働きに興味《きょうみ》がありました。ですから、天文《てんもん》だけではなく物理に関係した重要な発見もしていて、そのなかには、有名なニュートンの万有引力《ばんゆういんりょく》の法則《ほうそく》につながったものもあります。

なによりもガリレオのすごいところは、「学問のしかたを変えた」ことです。それまでの学問というのは、えらい人が書いた本を読んで、そこに書いてある知識《ちしき》を覚えることでした。でもガリレオは、あたりまえだと思われていた「天動説」をまちがいだといったように、どんなことでも自分でたしかめるまではそれを信じませんでした。常識《じょうしき》も、えらい人がいったことも、自分が思いついたことでさえも……。

ガリレオは、数学が大好きでした。そして、いろいろなものごとが数学を使って説明できると知って感動しました。ですから、「どうしてだろう?」とか「どうなっているのだろう?」と思ったら実験をして、ものごとを数学や図形におきかえて、その意味をつかんだのです。

ガリレオが書いた『望遠鏡で見た星空の大発見』(本文のなかでは『星界《せいかい》の報告《ほうこく》』という題名で出てきます)を読むと、400年まえのガリレオのわくわくした気持ちが手にとるようにわかります。

ガリレオはいつも、わかりやすいことばで、おもしろく読める工夫をしながら本を書いています。きっと、自分が夢中《むちゅう》になった研究について、人に教えたくてしかたがなかったのでしょう。

さあ、ガリレオがどのように新しい学問をきりひらいていったのか、見ていきましょう。ガリレオの業績《ぎょうせき》をたどりながら、みなさんにもガリレオのわくわくを感じてもらえたらうれしいです。

ガリレオ・ガリレイ（1564〜1642年）

ガリレオと新しい学問

目次

1

「革新的《かくしんてき》めがね」

１６０９年のはじめ、おどろくべき発明品のうわさがヨーロッパをかけめぐった。なんでも、オランダのめがね技師《ぎし》が「遠くの景色《けしき》やものが、近くにあるように見えるしくみ」を発見したという。ニュースはまたたくまに広まり、「革新的《かくしんてき》めがね」の情報《じょうほう》は、４月にはフランスのパリに、５月にはイタリアのミラノにまでとどいた。ヨーロッパのめがね技師《ぎし》たちはみな、われこそはと、そのめがねの〝秘密《ひみつ》〟を解《と》きあかそうとした。

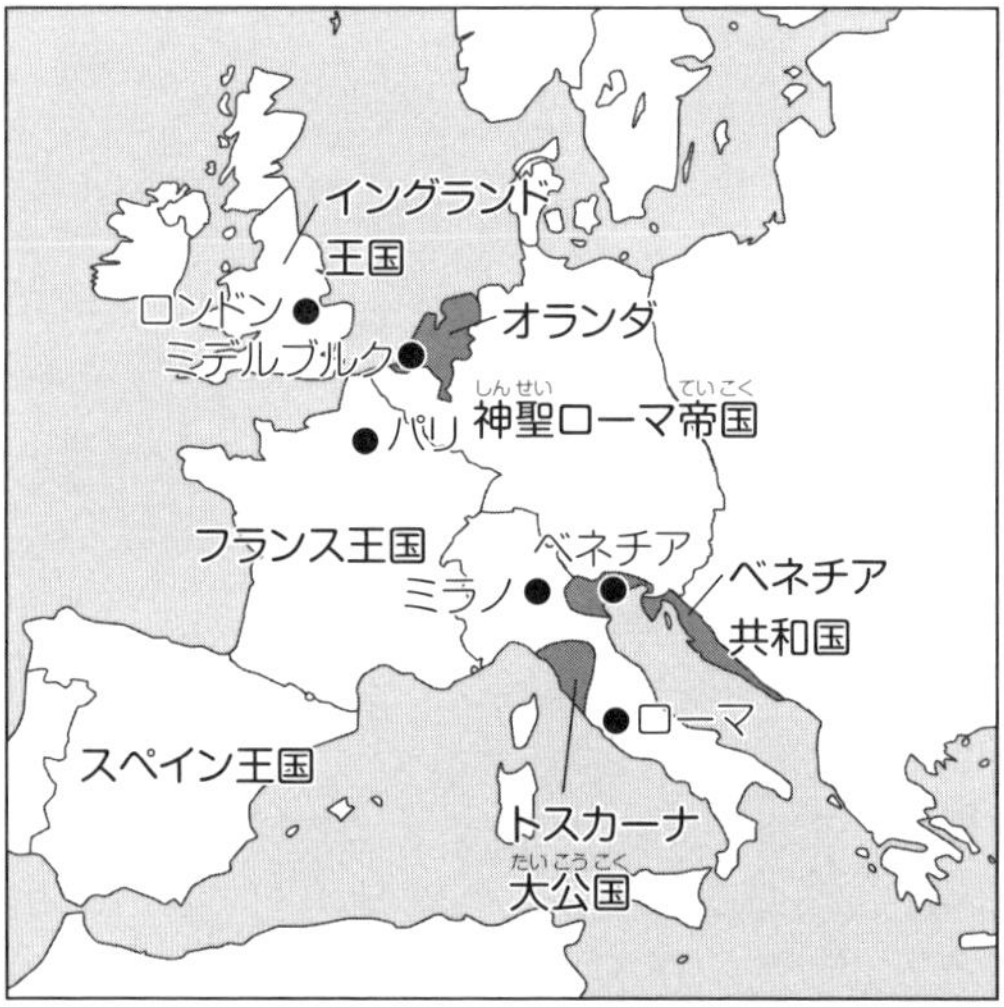

ガリレオの時代のヨーロッパ

ガリレオが生きたのは、ローマカトリック教会や神聖《しんせい》ローマ皇帝《こうてい》の権力《けんりょく》がおとろえ、地域《ちいき》ごとに国家が支配《しはい》する時代へと大きく変化する時期だった。戦争があるたびに、あちらこちらで地図がぬりかえられた。

7月末になると、話題の革新的《かくしんてき》めがね（すなわち「望遠鏡」）を発明しためがね技師《ぎし》がベネチア共和国の首都ベネチアにむかっているといううわさが流れた。どうやら、その発明品を国に売って大金《たいきん》を手にしようともくろんでいるらしい。

そのめがね技師《ぎし》とは、オランダのフランドル地方ミデルブルク出身のハンス・リッペルスハイだったと思われる。はじめて実用的な望遠鏡をつくったといわれている人物だ。ただし、いまとなってはそれがほんとうかどうかをたしかめるすべはない。

ちょうどそのころ、パドヴァ大学の数学《すうがく》教授《きょうじゅ》ガリレオ・ガリレイも、ベネチアをおとずれていた。この40代なかごろで背《せ》の低い、がっしりとした赤毛《あかげ》の男は、当時は「運動の法則《ほうそく》」に興味《きょうみ》をもっていた。けれども「例のフランドルの男」が望遠鏡をもってくると聞いて、いったいどのようなしくみのものだろうと、気になってしかたがなくなった。そこ

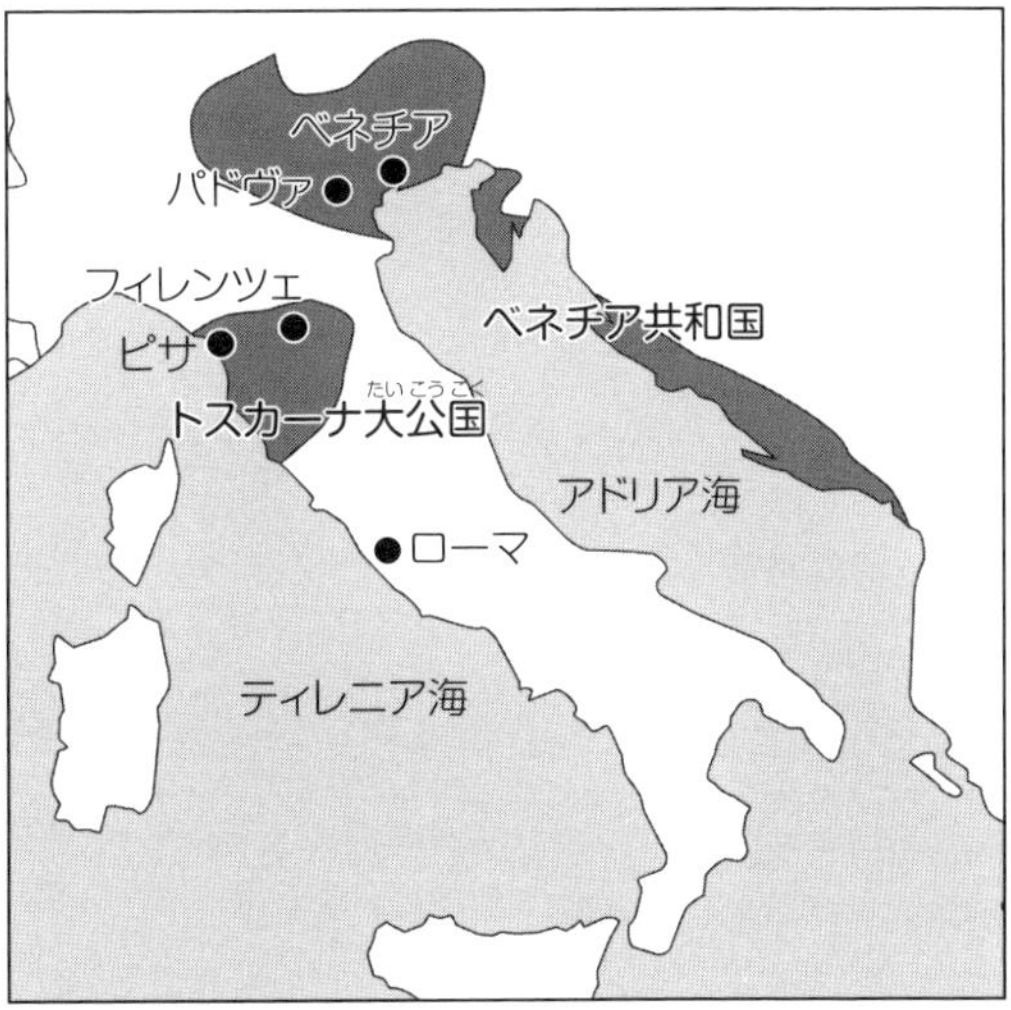

ガリレオの時代のイタリア

で、いそいでベネチアを発《た》ち、とちゅうでめがね技師《ぎし》をつかまえて「望遠鏡」についてくわしく教えてもらおうとしたのだが、行きちがいで会うことはできなかった。

するとガリレオは、パドヴァにもどって望遠鏡の原理をたった1日で解《と》きあかすと、その後じっさいにつくってしまった。ここで大事なのは、光学原理《こうがくげんり》をきちんと理解《りかい》したうえで自作したということだった。度の弱い凸《とつ》レンズと度の強い凹《おう》レンズとを組みあわせたこの望遠鏡は、いまでは「ガリレオ式望遠鏡」とよばれている。

ガリレオが自作の望遠鏡を進呈《しんてい》したため、ベネチア共和国はリッペルスハイの望遠鏡を買わなかった。ガリレオの望遠鏡は、リッペルスハイのものよりも倍率《ばいりつ》が高く、性能《せいのう》もよかったのだ。サンマルコ広場の塔《とう》にのぼってその望遠鏡を海にむけると、港にやってくる船のすがたが、裸眼《らがん》で見るより2時間も早くから見えるのだった。

ほどなくガリレオは、望遠鏡の先端《せんたん》を天にむけて星を見はじめた。それが天文学的《てんもんがくてき》な発見につながり、ヨーロッパじゅうにその名を知らしめることになる。だが、その発見と、そこからみちびきだした説によって、やがてローマカトリック教会から迫害《はくがい》を受けることにもなった。ガリレオの説は、それまでおよそ２０００年にもわたって疑《うたが》いの余地《よち》なく当然のように受けいれられてきた自然哲学《しぜんてつがく》に反していたのだ。

ガリレオは、改良をくわえて倍率《ばいりつ》を高くした望遠鏡がよく見えることを、サンマルコ広場で高位高官にじっさいに試してもらった。

17世紀なかばのベネチア
サンマルコ広場から、大運河《だいうんが》で働く商人たちをながめる。

ガリレオは、とびぬけた才能《さいのう》をもつ科学者だった（自分では、「数学家であり、哲学者《てつがくしゃ》である」と考えていた）。そして、現代《げんだい》の科学者と同じように、自分の考えを書き、論《ろん》じ、実験について語った。それなのになぜ、ガリレオはあれほどきびしく罰《ばつ》を受けたのだろうか？

フランドルのめがね技師《ぎし》ハンス・リッペルスハイ
「望遠鏡の原理にはじめて気づいたのは、作業場のレンズで遊んでいた子どもたちだった」という話が伝えられている。

2 中世《ちゅうせい》からの学問　古代思想《しそう》と教会の支配《しはい》

ガリレオが生きた16世紀後半には、科学が人類に多くの知識《ちしき》をもたらすなどとは、だれも考えていなかった。現在《げんざい》のように科学が信頼《しんらい》される世の中は、ガリレオのような人たちが道をきりひらいた賜物《たまもの》だといえる。

ただし、その道を通すための準備《じゅんび》は、ガリレオの生まれる数百年まえに、すでにはじまっていた。世界初の大学ができたのは、12世紀はじめのことだった。大学は、新しい思考法、論理法《ろんりほう》、教育法をすすんでとりいれた。それまで修道院《しゅうどういん》でおこなわれていた教育では、人間の心のなかを見つめ、神を尊《とうと》ぶことが重んじられていた。一方《いっぽう》、大学は、「なぜ？」「なに？」という探究心《たんきゅうしん》をもつ人の集う場所で、学ぶべきことは無限《むげん》にあった。

11世紀から13世紀にかけて（「中世《ちゅうせい》」といわれる時期の後半）、ローマ法王（全カトリック教会の最高位の人）は、十字軍をしたててイスラム教徒から聖地《せいち》エルサレムをとりもどすための戦争をしかけた。このとき参加した兵士のうち、学ある者たちが、現地《げんち》から大量の写本（印刷されていない手がきの書物）をもちかえった。そのなかには、ガレノス（129～199年ごろ）、プトレマイオス（100ごろ～170年ごろ）、ユークリッド、アルキメデス（前《ぜん》287ごろ～前《ぜん》212年ごろ）、そしてなによりアリストテレス（前《ぜん》384～前《ぜん》322年）といった、古代ギリシャ・ローマ人の思想をアラビア語に訳《やく》し

聖地《せいち》をとりもどそうとした十字軍

イスラエルの都市エルサレムは、いずれも唯一《ゆいいつ》の神を信じる、ユダヤ教、キリスト教、イスラム教にとって重要なできごとが起きた地で、古代から、3宗教《しゅうきょう》それぞれにとって聖地《せいち》とされてきた。

地図のうえでエルサレムはアジアとヨーロッパのあいだに位置するため、古代から何度も侵略《しんりゃく》にあい、そのたびに支配者《しはいしゃ》が変わった。7世紀には、イスラム教徒のアラブ人がキリスト教のビザンツ帝国《ていこく》からエルサレムを勝ちとった。

11世紀から13世紀にかけて、ローマ法王は、イスラム教徒から聖地《せいち》エルサレムをとりもどすために「十字軍」をしたてて7度戦争をしかけた。十字軍は、キリスト教を守るために立ちあがった騎士《きし》・貴族《きぞく》・農民などの民衆《みんしゅう》からなっていた。

はじめの戦争ではエルサレムをうばったものの、その後は失敗が続き、けっきょくエルサレムはふたたびイスラム教の支配下《しはいか》におかれることとなった。十字軍は、回を重ねるごとに当初の目的を失い、政治《せいじ》や経済《けいざい》のために戦うようになっていった。ここにも、教会の堕落《だらく》が見てとれる。

アリストテレス
「観察」することで「自然」について学び、また宇宙《うちゅう》のしくみを考えた、ギリシャの哲学者《てつがくしゃ》。16世紀になるまで、その説に真《ま》っ向《こう》から反対する者はいなかった。

歴史のものさし「西暦《せいれき》」

歴史上のあるできごとがいつ起きたかを知るために、基準《きじゅん》となる時を決めて数える方法はいろいろある。いまの世界では、キリストが生まれたと考えられる年を紀元元年《きげんがんねん》とする「西暦《せいれき》」が、いちばん多く使われている。

紀元元年《きげんがんねん》の1年後から「紀元2年（西暦《せいれき》2年）」「紀元3年（西暦《せいれき》3年）」と数えていく。一方《いっぽう》、紀元元年《きげんがんねん》の1年まえは「紀元前1年」、「紀元前2年」と、時間の流れをさかのぼって数えていく。表記するときは「紀元」を省略《しょうりゃく》して「前《ぜん》1年」「前《ぜん》2年」などと書くことが多い。

紀元元年《きげんがんねん》は「紀元1年（西暦《せいれき》1年）」のことで、紀元0年は存在《そんざい》しない。

「紀元元年《きげんがんねん》」と「西暦《せいれき》」

た書物があった。世界初の大学で研究についたばかりの学者たちは、「古代」の思想や知《ち》識《しき》に直接《ちょくせつ》ふれ、そこに書かれている自然界についての考察を読んで、息をのんだ。文書の翻訳《ほんやく》が大いそぎで進められ、だれもがそれをむさぼるように読んだ。こうして得られた知《ち》識《しき》は、500年のあいだ大学を支配《しはい》することとなった。ガリレオが生まれたのは、このような学問の流れがちょうどすたれはじめたころだった。

ところで、「古代の思想」のなかには、キリスト教のよりどころである「聖書《せいしょ》」の教えに反するものもあった。こういった〝矛盾《むじゅん》〟には、13世紀の聖人《せいじん》トマス・アクイナスのような聖職者《せいしょくしゃ》たちの翻訳《ほんやく》や解説《かいせつ》によって「修正《しゅうせい》」がくわえられた。しばらくすると、古代の思想、なかでもアリストテレスの思想はキリスト教の信仰《しんこう》とうまくまじりあい、アリストテレスに反対することは聖書《せいしょ》に書かれた神の考えに反対することだとまでみなされるようになった。ガリレオは、このようにギリシャ人の思想をもっともすぐれたものとする社会で育った。

中世《ちゅうせい》がおわり、15世紀になると、ルネサンス（教会中心だった文化を、古代ギリシャ・ローマ文化を手本に、人間中心の自由なものにしていこうという文化運動）が花ひらき、イタリアを中心に、新しい芸術《げいじゅつ》と文化が生まれた。このころのイタリアは、現在《げんざい》のようにひとつの国ではなく、いくつもの「都市国家」の集まりで、ベネチア共和国もそのひとつだった。

16世紀の末になってもなお、イタリアは繁栄《はんえい》をほこっていた。しかし、ローマカトリック教会にとっての16世紀は、大きな変化をつきつけられた苦しいときだった。教会がいつのまにか金や権力《けんりょく》にとらわれ、堕落《だらく》したことに反発して、ヨーロッパのすべての国が、法王の権威《けんい》にしたがわなくなったのだ。この「プロテスタント（抗議《こうぎ》の）」運動は、やがてキリスト教の新しい流れとなっていく。これにたいして旧来《きゅうらい》のカトリック教会は、自分たちの行いを反省して、もとの純粋《じゅんすい》で素朴《そぼく》なキリスト教に立ち返ることで必死にカトリックの信仰《しんこう》を守ろうとした。その

宗教裁判《しゅうきょうさいばん》で異端《いたん》の判決《はんけつ》を受けた人への拷問《ごうもん》。

ため、「異端審問《いたんしんもん》（キリスト教の考えや信仰《しんこう》に反する者をさばくこと）」では、以前よりきびしく異端者《いたんしゃ》を責《せ》めるようになった。

一方《いっぽう》、大学は、このころすでに400年の歴史をきざんでおり、学生の勉強のしかたは型《かた》にはまったものとなっていた。学問とは「古代の」知識《ちしき》をひたすら吸収《きゅうしゅう》することであり、得た知識《ちしき》をもとに学生が新しいなにかをはじめることはまずなかった。そうなった原因《げんいん》は、教える側にもある。大学では、法学、哲学《てつがく》、神学《しんがく》など、知識《ちしき》をあたえる教科しかあつかっていなかったのだ。物理学も、当時は哲学《てつがく》の科目のひとつだった。

アリストテレスの論《ろん》にたいして疑問《ぎもん》をあげたり意見を述《の》べたりする本は、数多く出版《しゅっぱん》されていた。けれども、アリストテレスの本を読んで「重さのことなる物質《ぶっしつ》は、ことなる速度で落下する」という説を頭にいれても、それがなにかの役にたつと考える者はほとんどいなかった。当時の物理でなにより重視《じゅうし》されたのは、物事が起こる原因《げんいん》とその論理《ろんり》を知ることだった。実験をしても、物体になにが「どのように」起きるかがわかるだけで、「なぜ」かはわからない。このため、大学の教育は、実験を軽んじ、知識《ちしき》をもとに「推論《すいろん》」することに重きをおいた。

しかし、人間が知識《ちしき》をもとに考えても、たがいに考えを述《の》べあっても、解決《かいけつ》できない問題がある。14世紀のフランスの天文学者《てんもんがくしゃ》ニコル・オレームは、「地球が動いているにしろ動いていないにしろ、推論《すいろん》だけではそれを証明《しょうめい》することができない」といった。それなのにだれも行動を起こさず、「すぐれた学者」といわれる人の本から答えを見つけようとするばかりだった。ガリレオは、そのような学者たちをいやになるほど目にしていた。

しかし、そのような世の中にも変化は起き、一歩前進するきざしはあった。たとえばパドヴァ大学の医師《いし》や解剖学者《かいぼうがくしゃ》は、ギリシャのすぐれた学者ガレノスの観察結果に疑問《ぎもん》をもちはじめた。運動に関するアリストテレスの論考《ろんこう》の一部を細かく見なおそうという動きもあった。音楽理論《おんがくりろん》では、ピタゴラスが数学をもとに考えた和音がじっさいの音とはぴったり合わないことが、実験によってわかった。ガリレオの父ビンチェンツォはこの分野の高《こう》名《めい》な研究者で、和音の実験をくりかえしおこなっていた。

3 ガリレオの生い立ち

ガリレオ・ガリレイは、1564年2月15日にトスカーナ大公国《たいこうこく》（現在《げんざい》のイタリアのトスカーナ地方）のピサで、7人きょうだいのいちばん上の子として生まれた。子ども時代には音楽になみなみならぬ興味《きょうみ》をもち、弦楽器《げんがっき》のひとつである「リュート」のうでまえがすばらしかった。また、生涯《しょうがい》にわたって詩と文学を愛しつづけた。

長男を医者にしたいという父ビンチェンツォの願いから、1581年にピサ大学に入学したが、医学よりも数学に夢中《むちゅう》になってしまう。医学

1564年にガリレオが生まれたピサの家。

の試験では落第しそうになり、父を心配させたほどだった。医者になりさえすればお金がたっぷり入ってくるが、数学者ではくらしをたてていけないからだ。そんな父の思いとはうらはらに、ガリレオは、**ユークリッド**の幾何学《きかがく》（図形について考える学問）や**アルキメデス**の数学をとりいれた哲学《てつがく》にのめりこんだ。ユークリッドとアルキメデスは、ガリレオにとって「英雄《えいゆう》」であり、ついには、「古代」の学者のなかで尊敬《そんけい》できるのはこのふたりだけだと思うまでになった。

1585年、父の心配したとおり、ガリレオは医者の学位をとらず、仕事も決まらないままピサ大学をあとにした。そのため、給料をもらえると聞けばどこにでも行って、数学の家庭教師《かていきょうし》をした。そんなガリレオを救ったのは、てこや滑車《かっしゃ》な

ガリレオのヒーローたち

ユークリッド　紀元前300年ごろの数学者。エジプト、ギリシャなど古代からのすぐれた知識《ちしき》をまとめあげ、『原論《げんろん》』を書いた。この本は、たとえば「点と線とはなにか」を定義《ていぎ》づけるなど、現在《げんざい》の幾何学《きかがく》の基礎《きそ》となっている。ユークリッド本人については、生年月日も、どのような人物だったかもわかっていない。

アルキメデス（前《ぜん》287～前《ぜん》212年ごろ）　ギリシャの哲学者《てつがくしゃ》。ふつうの人には考えもつかない方法で、円周率《えんしゅうりつ》や浮力《ふりょく》の原理など多くの重要な発見をした。川から農業用の水をひくためのスクリューや、敵《てき》にむかって正確《せいかく》に石をとばす装置《そうち》、敵《てき》の船をつりあげるクレーンなどのおどろくべき兵器もつくった。また、古くから使われていたてこや滑車《かっしゃ》のしくみを明らかにし、「足場をくれれば、地球を動かしてみせよう」といったと伝えられている。

ど、機械の基本的なしくみについてのすばらしい本を書いたグイドバルド・デル・モンテ公爵《こうしゃく》だった。１５８９年、25歳《さい》のガリレオは、公爵《こうしゃく》の力ぞえによって母校《ぼこう》（卒業した学校のこと）のピサ大学で数学教授《すうがくきょうじゅ》となり、科学の道に入った。ピサ大学の教授《きょうじゅ》時代は、運動の法則《ほうそく》に心血《しんけつ》をそそいだ。本として発表されることはなかったが、運動に関する原稿《げんこう》を書いている。

この時期のガリレオについては、有名な話がふたつ伝えられている。ひとつは、大聖堂《だいせいどう》での夕方のミサのさいちゅうにシャンデリアがゆれているのに気づき、自分の脈拍《みゃくはく》を数えながら、シャンデリアが行ってもどるのにかかる時間をはかった話だ。シャンデリアのゆれ幅《はば》はしだいに小さくなっていったが、行ってもどるのにかかる時間はつねに同じだった。これによってガリレオは、振《ふ》り子《こ》の性質《せいしつ》を発見したといわれている。もうひとつは、重さのちがうふたつの重りをピサの斜塔《しゃとう》から落とした公開実験の話だ。周囲の予想（そし

アルキメデス

アルキメデスは、機械学についての本も書いた。だが、もっともよく知られているのは、水中の物質《ぶっしつ》が受ける浮力《ふりょく》に関する「アルキメデスの原理」を発見したことだ。

ピサの大聖堂《だいせいどう》にいるガリレオ
振《ふ》り子《こ》の性質《せいしつ》の発見は、ゆれるシャンデリアを見たことからはじまったともいわれている。

てアリストテレスの論《ろん》）を裏切《うらぎ》って、重りは同時に着地した。もっとも現在《げんざい》では、これらは作り話といわないまでも、語りつがれるうちに事実とかけはなれてしまった話ではないかという見方が強い。ともかく、このような「伝説」が生まれるほど、ガリレオの観察と実験にたいする感覚はするどかったということだ。

残念ながら、ガリレオにとってピサでの生活は、満足のいくものではなかった。ほかの教授《きょうじゅ》が聖書《せいしょ》やアリストテレスという〝権力《けんりょく》〟を正しいと主張《しゅちょう》するのは、たとえどんな証《しょう》拠《こ》があるとしてもゆるせなかった。そういった人たちは「十分に理解《りかい》しないといけない原理を生半可《なまはんか》な理解《りかい》でいくつか丸おぼえして、哲学者《てつがくしゃ》ぶっている」だけで、ガリレオは、かれらにほとほと嫌気《いやけ》がさしていた。

１５９２年にはパドヴァ大学にうつり、それまでよりも自由に研究ができるようになった。今回も数学教授《すうがくきょうじゅ》の職《しょく》だったが、給料はまえの3倍になった。ガリレオはパドヴァでの新しい生活をよろこんで受けいれ、そこで18年をすごした。

パドヴァ時代には、運動の法則《ほうそく》に関するもっとも重要な研究結果を残した。また、機械学に関する本を書いたほかに、**砲術**《ほうじゅつ》、**築城術**《ちくじょうじゅつ》、**運河建設**《うんがけんせつ》などの技術面《ぎじゅつめん》にもかかわった。１５９４年には「井戸《いど》ポンプ」のしくみで、１５９７年には「軍事コンパス」の発明で、特許《とっきょ》をとった。軍事コンパスとは、砲術《ほうじゅつ》の計算がかんたんになる便利な道具で、ガリレオの軍事コンパスの発展型《はってんがた》は、19世紀になってもよく使われていた。

　ガリレオの才能《さいのう》が、目覚めはじめた。

ガリレオの「軍事コンパス」
奥《おく》にある、２本の定規《じょうぎ》を組みあわせたもの。幾何学《きかがく》や砲術《ほうじゅつ》の計算に使われた。手前にある2本の長いものは、ガリレオが最初のころにつくった望遠鏡。

砲術《ほうじゅつ》・築城術《ちくじょうじゅつ》・運河建設《うんがけんせつ》——知識《ちしき》を生かした技術《ぎじゅつ》

　ガリレオの時代は、権力《けんりょく》や領土《りょうど》をめぐる戦争がたえなかった。ガリレオが生まれるまえに起きたイタリア戦争からは、本格的《ほんかくてき》に火薬による武器が使われるようになり、戦いかたが大きく変化した。これにより、大砲《たいほう》を敵《てき》にむけて弾丸《だんがん》をとばす砲術《ほうじゅつ》と、弾丸《だんがん》に強い城《しろ》をつくるための築城術《ちくじょうじゅつ》の研究がさかんになった。

　また、ベネチア共和国の中心であるベネチアは、「潟《かた》」（細い陸地によって海から分けられた湖）にうかぶ多くの島からなる都市だ。そのため、むかしから水上の道である「運河《うんが》」が交通の中心であり、運河《うんが》の建設《けんせつ》は重要であった。

　ガリレオは、自分の知識《ちしき》を戦争や建築《けんちく》などに役だてることでお金を得て、大学教授《だいがくきょうじゅ》のわずかな給料の足しにしていたようだ。

4 天動説　完全な宇宙《うちゅう》

パドヴァ時代のガリレオは、天文学《てんもんがく》よりも力学《りきがく》（物体に働く力と物体の運動のきまりを研究する学問）に関心があった。けれども１５９７年には、ドイツの天文学者《てんもんがくしゃ》であり数学者でもあったヨハネス・ケプラーに手紙を送っている。この手紙でガリレオは、自分もケプラー同様、地球が宇宙《うちゅう》の中心にあって動かないという常識《じょうしき》が正しいとは思わないと、ひそかに告白している。ケプラーとガリレオが信じていたのは、ポーランドの天文学者《てんもんがくしゃ》コペルニクス（１４７３～１５４３年）の地動説だった。ガリレオは、その手紙に「いまのところはまだ、あまたの人びとがコペルニクスはまちがいだとわらい者にして、かれの説をみとめない（なんとおろかな者が多いことか）」と書いている。しかしガリレオは、人《ひと》前《まえ》ではそういった意見をいおうとしなかった。なぜなら、カトリック教会は、宇宙《うちゅう》の中心が地球ではなく太陽だというコペルニクスの説をみとめていなかったからだ。しかもガリ

ヨハネス・ケプラー（1571～1630年）
ティコ・ブラーエの弟子《でし》で、惑星《わくせい》は楕円《だえん》をえがきながら太陽のまわりをまわることを発見した。ケプラーがそれを発表したのは、1609年のことだった。

レオは、ケプラーとくらべてかなりローマに近い場所に住んでいたため、カトリック教会の目がとどきやすかったのだ。

ガリレオは、現代《げんだい》のものとはまったくべつの宇宙論《うちゅうろん》（宇宙《うちゅう》のなりたちについての説明）が信じられている時代に育った。

当時、どの天文学者《てんもんがくしゃ》も、地球が丸いことはみとめていたけれど、ほぼ全員が「地球は宇《う》宙《ちゅう》の中心にあって動かない」と考えていた。地球は、軸《じく》を中心にまわる「自転」などしていないし、太陽のまわりをまわる「公転」もしていない。宇宙《うちゅう》とは透明《とうめい》な天球《てんきゅう》で、その中心に地球がある。天球《てんきゅう》は、中心から外側にむかっていくつもの天球層《てんきゅうそう》が重なったもので、太陽と、月をはじめとする惑星《わくせい》（当時、月は、火星や水星と同じ惑星《わくせい》とされていた）は、それぞれがひとつの層《そう》にはりついている。もっとも外側にある土星《どせい》の天球層《てんきゅうそう》のさらに外側には恒星《こうせい》（自ら光る星）がちりばめられた巨大《きょだい》な恒星天球《こうせいてんきゅう》があり、24時間かけて1回転しながら、内側のいくつもの天球層《てんきゅうそう》をまわしている。恒星天球《こうせいてんきゅう》の外には永遠《とわ》に広がる天使の世界があり、そこでは天使たちが宇宙《うちゅう》の事象をあますところなく見守っている……。

それは美しい宇宙《うちゅう》だった。常識《じょうしき》にも、天文学《てんもんがく》にも、神学《しんがく》にもぴたりと合い、１５００年間ほぼ変わることのなかった宇宙《うちゅう》だ。

哲学者《てつがくしゃ》が「地球は宇宙《うちゅう》の中心にあって動かない」といいはるのには、理由があった。両の足でふみしめている地面が微動《びどう》だにしないのだから、地球がとまっているのは火を見るより明らかだというわけだ。それに、もし地球が自転しているとしたら、投石器《とうせきき》（長いひもの先のほうに石をはさんでふりまわし、遠くまでとばす道具）から石がとびだしていくように、なにもかもが空にとんでいってしまうではないか。また、地球が公転しているとしたら、1年かけて天球層《てんきゅうそう》の一方《いっぽう》のはしから反対側にむかい、またもどってくるあいだに、地上の天文学者《てんもんがくしゃ》は恒星《こうせい》の明るさと位置の変化（視差《しさ》）を観測《かんそく》していたはずだ。しかし、そのような変化はそれまで見られなかったというのが、哲学者《てつがくしゃ》らの主張《しゅちょう》だ（95、98ページで述《の》べるように、この視差《しさ》はあまりに小さいため、この時代に観測《かんそく》することはできなかった。視差《しさ》については、97ページのコラムを参照のこと）。

ガリレオの時代までは、このような〝常識《じょうしき》〟をもちだされれば反論《はんろん》などできなかったし、そのうえ聖書《せいしょ》がしめす〝証拠《しょうこ》〟もあった。聖書《せいしょ》から引用がつぎつぎともちだされては地球が動かない証拠《しょうこ》とされるのには、ガリレオも手を焼いた。そして1616年、教会はついに、地球が自転しながら太陽のまわりを公転しているという考えは「ばかげていて、道理に合わない……聖書《せいしょ》の多くの教えに明らかに反している」との考えを正式に発表した（47

ページ参照)。

このころ常識《じょうしき》とされていた地球中心説の基礎《きそ》となったのは、アリストテレスの説だった。しかし、アリストテレスはほかの哲学者《てつがくしゃ》とはちがい、れっきとした哲学的《てつがくてき》な理由から、地球は宇《う》宙《ちゅう》の中心にあって動かないと考えた。アリストテレスによると、世界のすべての物質《ぶっしつ》は「土」「水」「空気」「火」の4つの「元素《げんそ》」の組みあわせでできている(これは現代《げんだい》のわれわれが考える「固体」「液体《えきたい》」「気体」「熱」に対応《たいおう》させることができる)。ただし、アリストテレスのいう元素《げんそ》と現代科学《げんだいかがく》の元素《げんそ》との共通点は「すべての物質《ぶっしつ》は基本《きほん》となるブロックのようなかたまりからできている」という根本的な考えかたのみである。そのほかの点についてのアリストテレスの考えは、現代科学《げんだいかがく》とはまったくことなっていた。

アリストテレスによると、元素《げんそ》にはそれぞれに特有の「自然の運動」がある。自然の状《じょう》

アリストテレスの4元素《げんそ》(土、水、空気、火)がまじりあったとする地球をあらわす絵。それぞれの元素《げんそ》は、自然に、または錬金術《れんきんじゅつ》によって、ほかのどの3元素《げんそ》にも変化することができる。

態《たい》では、火と空気は上にのぼり、水と土からなる物質《ぶっしつ》は下に落ちる。つまり、元素《げんそ》は「軽さ」と「重さ」をもつ。海は土からなる物質《ぶっしつ》ほど重くないため、土の上にのっている。火は空気より軽いため、空中をのぼっていく。このように、アリストテレスはつねに、現《げん》象《しょう》が起きる「理由」を大事にした。

アリストテレスによると、この上下にむかう「自然の運動」は、万物《ばんぶつ》が宇宙《うちゅう》の「自然の場所」に行きつこうとする性質《せいしつ》をもっていることのあらわれだという。リンゴが木から落ちるとき、それは下にむかうという「自然の性質《せいしつ》」にしたがっただけのことだ。水と土の「自然の場所」は、宇宙《うちゅう》の中心である。だから、アリストテレスにいわせると、地球という存在《そんざい》は、土からなるすべての物質《ぶっしつ》がその性質《せいしつ》にしたがって「自然の場所」たる宇宙《うちゅう》の中心をめざして下にむかった結果、現在《げんざい》の場所に集まったのだといえる。つまり、地球は宇《う》宙《ちゅう》の中心に集まった土のかたまりなのだ。これとはぎゃくに、火と空気は自然の性質《せいしつ》によって地球の外をめざす。

だが、恒星《こうせい》の動きはこれとはことなる。観察によると、恒星《こうせい》は天界で、上下運動ではなく回転運動をする。「自然の場所」に行ってそこにとどまるのではなく、天をまわりつづけるのだ。アリストテレスによると、それはつぎなる5番目の元素《げんそ》「エーテル」の存在《そんざい》をしめしているという。天界にはつねに神の力がおよぶため、エーテルは完全で変化せず、けがれないという、神の性質《せいしつ》をもつ。そのため恒星《こうせい》は、恒星天球《こうせいてんきゅう》で永遠《えいえん》になめらかな回転運動をする。惑星《わくせい》もまわっていることが観察によってわかっているが、完全な円ではない。いびつな軌道《きどう》（公転するときの道すじ）をもつ惑星《わくせい》には、恒星《こうせい》ほどには神の力が働いていないと、アリストテレスはいう。

アリストテレスの宇宙《うちゅう》は、地球の中心から「恒星《こうせい》がちりばめられた恒星天球《こうせいてんきゅう》」、そしてその先と、外にむかうにつれて段階《だんかい》的《てき》に神の力が強まるはしごのようなものだ。けれども、大きくふたつに分けると考えやすい。月とその先は、神の力が支配《しはい》する不変で完全な世界（天界）。そして月の軌道《きどう》の内側は、「4元《げん》素《そ》」からなる人間の世界だ。人間の世界では、物質《ぶっしつ》と運動は、神の世界とはまったくことなる法則《ほうそく》にしたがう。

2世紀の偉大《いだい》な学者クラウディオス・プトレマイオスの宇《う》

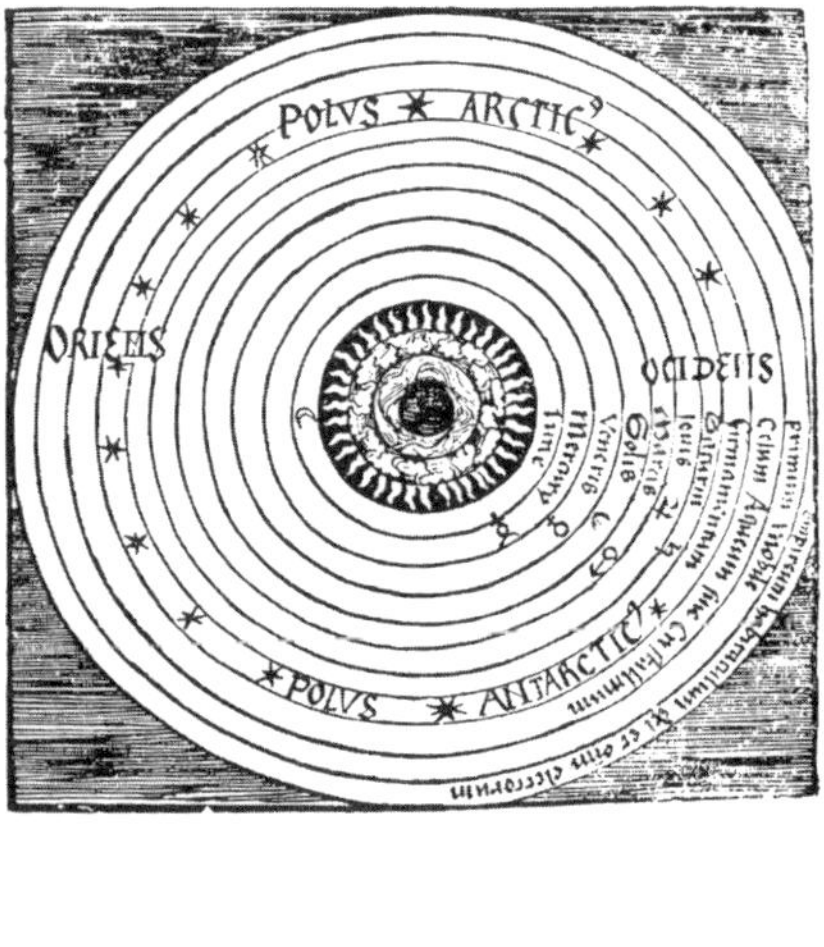

プトレマイオスが考えた、地球中心の宇宙《うちゅう》
地球（4元素《げんそ》でなりたっているのがわかる）のまわりに、月、水星、金星、太陽、火星、木星、土星、恒星《こうせい》の軌道《きどう》があり、その外に「神と聖人《せいじん》」のすむ世界がある。

宙論《ちゅうろん》は、アリストテレスの宇宙論《うちゅうろん》に少し手をくわえたものだ。それは、古代ギリシャの天文学者《てんもんがくしゃ》たちのすぐれた思想を集めた完成形といえる。プトレマイオスは、アリストテレスの論《ろん》をほぼみとめながら、正確《せいかく》な数学的方法を使って惑星《わくせい》の運動をきちんと計算しようとした。それでも、基本《きほん》となる考えは地球中心説だった。この説に真《ま》っ向《こう》から反対する者が出てくるのは、16世紀になってからのことだ。

ポーランドの数学者ニコラウス・コペルニクス（1473～1543年）は、中心にあるのは地球ではなく太陽だと主張《しゅちょう》した学者のひとりだった。コペルニクスは、プトレマイオスの計算から、太陽がほかの惑星《わくせい》と特別な関係をもつことを確信《かくしん》していた。ただ、太陽を中心とする宇宙論《うちゅうろん》は常識《じょうしき》にも神学《しんがく》にも反するため、コペルニクスの友人たちがその説を本にして出版《しゅっぱん》するようかれにすすめたのは、何年もようすを見たのちのことだった。その歴史に残る本『天体の回転について』は1543年、コペルニクスが亡《な》くなった年に出版《しゅっぱん》された。

コペルニクスの説は、数学的に非《ひ》のうちどころがないすばらしいものだったが、中世《ちゅうせい》の物理学者にとってはとるにたらない思想だった。ただ、当時の学者も、この本のわかりやすさだけはみとめていた。コペルニクスが、プトレマイオスの説に出てきた数学的部分か

ニコラウス・コペルニクス

（1473～1543年）

ポーランドの天文学者《てんもんがくしゃ》。計算によって、宇宙《うちゅう》の中心は地球ではなくて太陽だという説をみちびいた。

わたしたちになじみの深い順序《じゅんじょ》で惑星《わくせい》がならぶ、コペルニクスの宇《う》宙《ちゅう》。1610年にガリレオが発見した木星の4つの衛星《えいせい》もえがかれている。

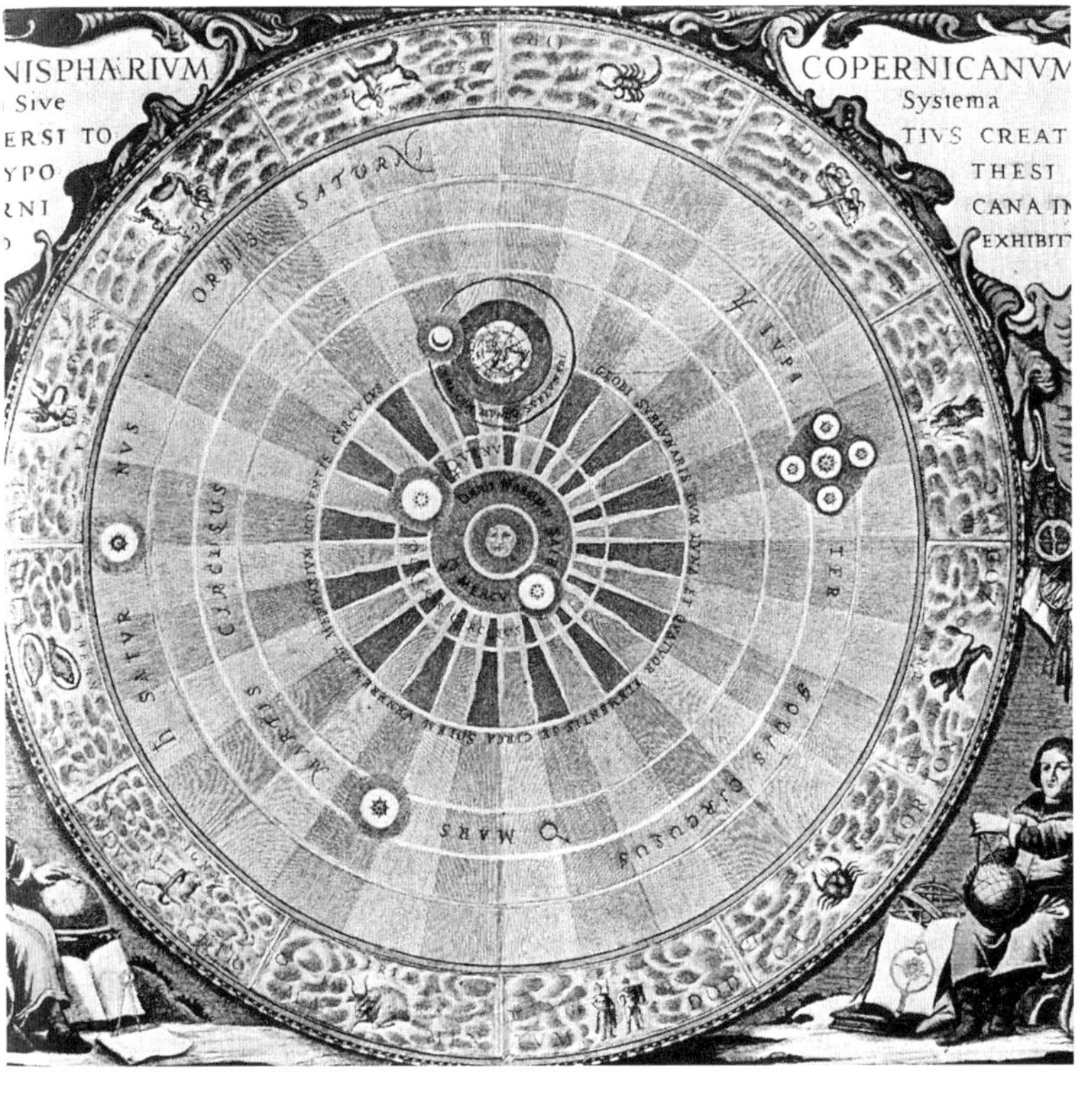

ら、むずかしい部分をすべてぬきさって論《ろん》じていたからだ。この本は世間《せけん》からあまり関心をもたれてはいなかったが、教会から禁書《きんしょ》（よくない本だとして出版《しゅっぱん》を禁《きん》じられること）とされないために、数学を論《ろん》じた本というかくれみののかげで出版《しゅっぱん》された。

このように、天文学者《てんもんがくしゃ》たちはコペルニクスの地動説を切りすてた。デンマークのティコ・ブラーエ（1546～1601年）もそのひとりだ。ティコは、地球について「巨大《きょだい》で動きにくいかたまりなので、運動しない」という自分なりの宇宙論《うちゅうろん》をもっていた。しかし、コペルニクスの説とティコの説とはまったく逆《ぎゃく》に見えながら、じつは数学的には同じことをいっていた。

ティコの説は、地球がまだ宇宙《うちゅう》の中心にあったも

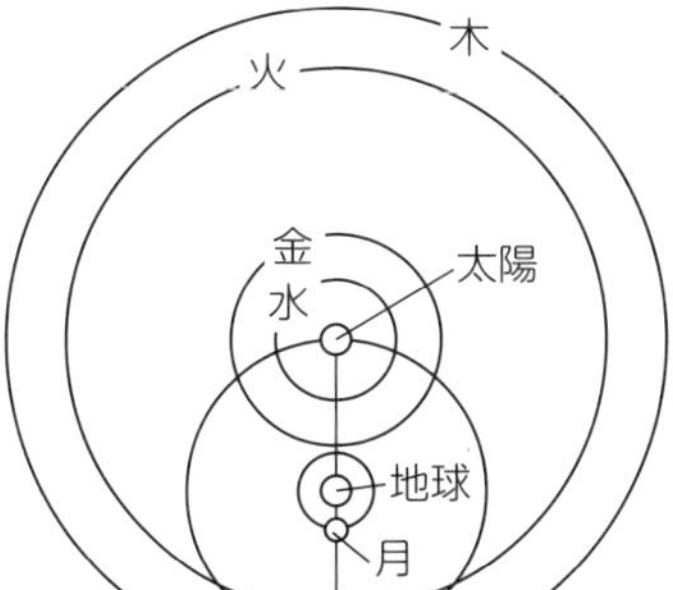

ティコ・ブラーエの宇宙《うちゅう》

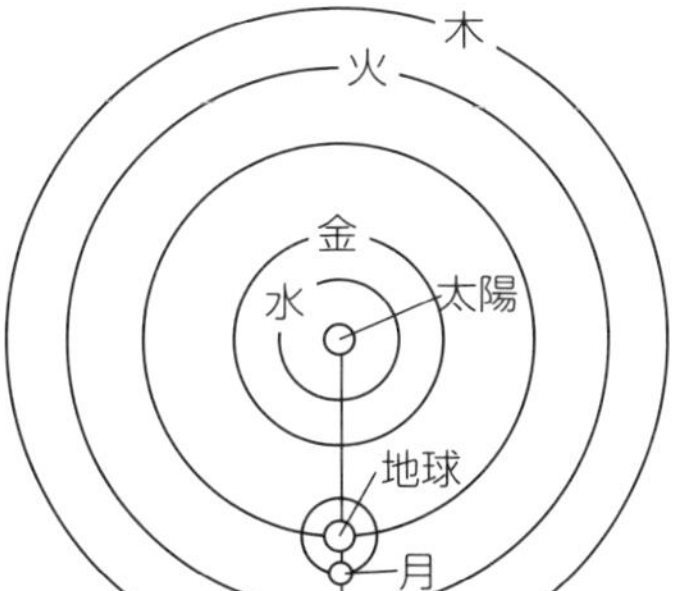

コペルニクスの宇宙《うちゅう》

ティコ・ブラーエが天体観測《てんたいかんそく》の結果得た数字から考えだした惑星《わくせい》のならびかたは、コペルニクスの説と同じだった。ただし、天動説をすてきれないために、軌道《きどう》はことなっている。それぞれの軌道《きどう》をつらぬく直線をひいてくらべると、どちらも水・金・地・火・木の順《じゅん》であることがわかる。

のの、つぎの一歩への足がかりとなるものだった。彗星《すいせい》や超新星《ちょうしんせい》（星の爆発《ばくはつ》）といったとつぜんに起きる不規則《ふきそく》なできごとは、アリストテレスの時代からずっと、地球の大気《たいき》内で起きた気象に関することだとされていた。日々変わる天気のようにそのときだけの現象《げんしょう》だから、永遠《えいえん》で完全な天界とは関係がないというのだ。ところが、1572年にティコが注意ぶかく観察した超新星《ちょうしんせい》でできた「新しい星」は、少なく計算しても土星《どせい》ほどの遠い場所にあった。さらに、1577年に観察された彗星《すいせい》は、天球層《てんきゅうそう》を通りぬけたように見えた。これにより、「惑星《わくせい》がはりついている天球層《てんきゅうそう》は、かたくて、ものを通さない」という説がまちがっていることが証明《しょうめい》された。ティコの宇宙論《うちゅうろん》は、かたい天球層《てんきゅうそう》

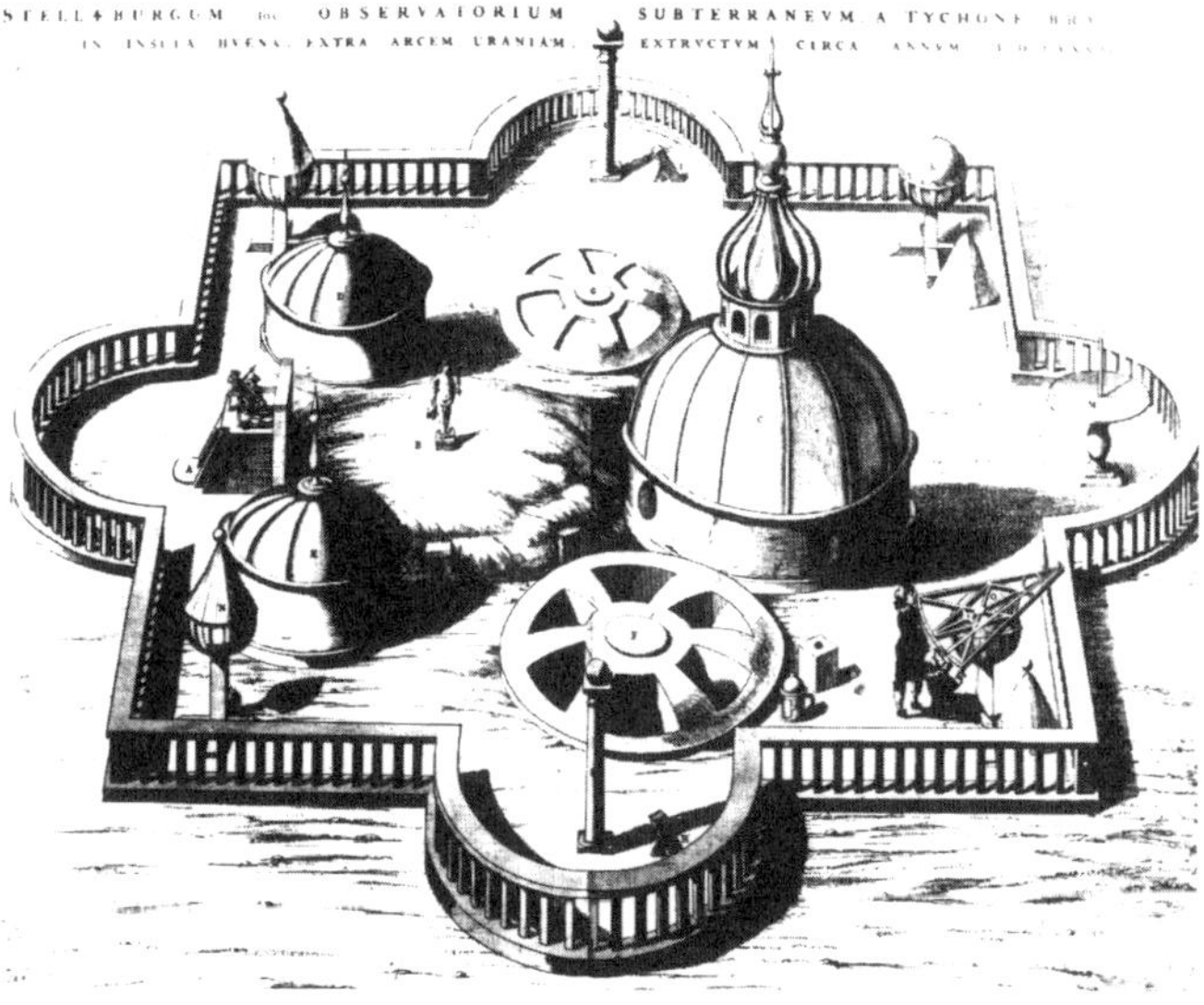

デンマークのウラニボリにあった、ティコ・ブラーエの大天文台《だいてんもんだい》（1584年ごろ）。

を否定《ひてい》したことになる。「完全な天界」に、はじめて傷《きず》がついた。

彗星《すいせい》と大気《たいき》

彗星《すいせい》　おもに太陽のまわりをまわる氷とちりでできた小さな天体。もともとは太陽から遠くはなれた場所にあったが、なにかのひょうしに軌道《きどう》を変えて、太陽に近づくようになった。太陽に近づいたあとどこかにとんでいってしまうものもあるが、その多くは、太陽のまわりを細長い楕円《だえん》をえがいてまわる。彗星《すいせい》が太陽に近づくと、氷がとけて蒸発《じょうはつ》し、ガスやちりが放出される。そのため、全体がぼんやりとかがやいてみえるようになり、また、ほうきの柄《え》のような「尾《お》」がのびた形になる。このため彗星《すいせい》は「ほうき星」ともいわれる。

大気《たいき》　大気《たいき》とは、天体をつつむガスの集まり。地球の大気《たいき》の大部分は「窒素《ちっそ》」と「酸素《さんそ》」で、ほかにさまざまな気体がまじる。これらの気体は重力でひっぱられているために、地球のまわりにとどまっている。大気《たいき》があるおかげで、地球は生物がすめるおだやかな気候の天体となっている。また、宇宙《うちゅう》からの放射線《ほうしゃせん》や太陽の紫外線《しがいせん》から生物を守る役割《やくわり》もはたしている。

もちろん、ガリレオの時代には、ここまで明らかな説明はされていなかった。大気《たいき》とは、「地上で雨がふり風がふくあたり」というぼんやりした範囲《はんい》をしめしていたと思われる。

5 望遠鏡による発見

１６０９年の夏、ベネチアでは、ガリレオがつくったすばらしい望遠鏡がもてはやされた。やがてさわぎがおさまってくると、渦中《かちゅう》にいたガリレオにも望遠鏡でまだ見ていないものを見ようと思うだけの余裕《よゆう》ができた。望遠鏡の先は自然と上にむかい、ガリレオは夜の空を観測《かんそく》するようになった。

そのころ、月はなめらかな表面をもつ完全な球体だと思われていた。ところが、ガリレオが見た月には深い穴《あな》がたくさんあいていて、高い山々もあった。それは、完全でも神々《こうごう》しくもない、ガリレオが想像《そうぞう》もしていなかった月のすがただった。山の影《かげ》の長さからその山の高さを計算すると約６５００メートルで、「不完全」な地球の山とそう変わりがなかった。これを知った大学の哲学者《てつがくしゃ》たちは、自分たちの説に傷《きず》がつかないようあわてて修正《しゅうせい》をいれた。

ガリレオは、夜空を観測《かんそく》した。

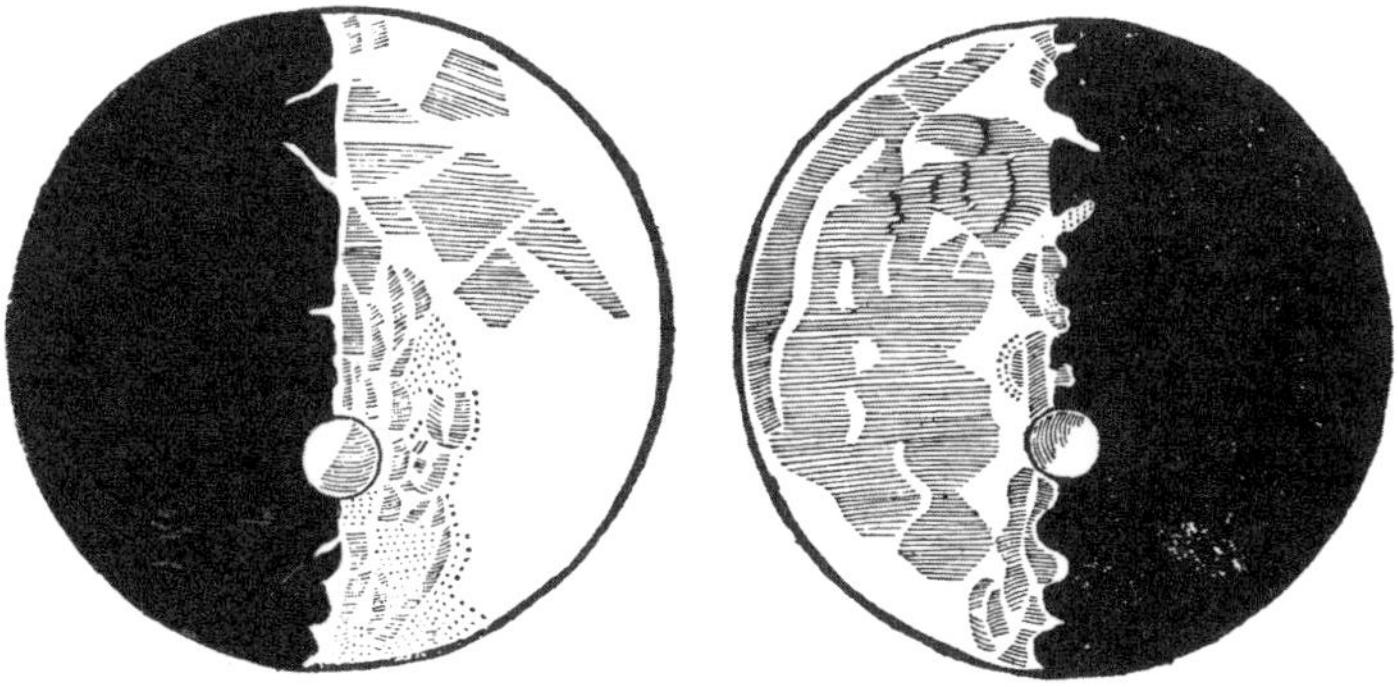

上弦《じょうげん》の月　　下弦《かげん》の月

ガリレオによる月の表面のスケッチ。でこぼこで、穴《あな》があるのがわかる。

ところで、コペルニクスの地動説が正しくないとされる大きな理由のひとつに、月の存在《そんざい》があった。地動説をみとめるとすれば、地球だけが衛星《えいせい》をもつ惑星《わくせい》となる。地球だけがそのような特別の天体をもつのはおかしいので、やはりコペルニクス説は信用できないという論理《ろんり》だった。ところが、ガリレオは望遠鏡を使って、木星のまわりを4つの衛星《えいせい》がまわっていることを発見した。これはうれしい発見だった。その後、さらに土星にも〝お供《とも》〟の星があることに気づいたけれど、それはほかの惑星《わくせい》のお供《とも》とはちがう、おもしろい動きをしていた。このなぞについては1655年、オランダ人のクリスティアーン・ホイヘンスがもっと倍率《ばいりつ》の高い望遠鏡を使って観測《かんそく》し、それらがただの衛星《えいせい》ではなく土星の環《わ》だということをつきとめている。

こうして、周囲を衛星《えいせい》がまわるという特徴《とくちょう》をもっているのは地球だけではないことがわかった。ここでガリレオは考えた。ひとつの惑星《わくせい》のまわりをいくつもの衛星《えいせい》が公転しているとしたら、コペルニクス説が主張《しゅちょう》するとおり、太陽のまわりをいくつもの惑星《わくせい》が公転していてもおかしくないはずだ。

哲学者《てつがくしゃ》のなかには、長いあいだ信じられてきたことがまちがっていると考えたくない者もいた。そのような人たちは、「望遠鏡には、じっさいは存在《そんざい》しない天体が見えるように

オランダ人のクリスティアーン・ホイヘンス（1629～1695年）
オランダの数学者、物理学者、天文学者《てんもんがくしゃ》。いっしょにえがかれているのは、数学と光学《こうがく》におけるホイヘンスの研究成果をあらわす数々の道具と、ホイヘンスが発明した振《ふ》り子《こ》時計《どけい》（103ページ参照）。

する光学的《こうがくてき》なからくりがある」と主張《しゅちょう》した。そこでガリレオは、一方《いっぽう》の惑星《わくせい》のまわりをいくつもの衛星《えいせい》がまわり、もう一方《いっぽう》には衛星《えいせい》がないように見える細工《さいく》をした望遠鏡をつくれる人を募集《ぼしゅう》し、その人に大金《たいきん》を支払《しはら》うことにした。けれどもそんなものをつくれる人間はいないため、もちろん応募《おうぼ》はなかった。するとこんどは、望遠鏡で天体を見ること自体がまちがった方法だという主張《しゅちょう》まで出はじめた。「ばかげたことだとわらいたいような、情《なさ》けなくて泣きたいような気分です」と、ガリレオはケプラーにあてた手紙でなげいている。

まえに述《の》べたように、コペルニクスの地動説もティコの天動説も、数学的には同じことをいっている。しかし、ティコの説よりまえに出たプトレマイオスの天動説はまったくべつで、たとえば金星は、太陽のまわりを公転するのではなく、片側《かたがわ》を通りすぎるだけとしている。それまでの肉眼《にくがん》での観測《かんそく》では、どちらが正しいのかわからなかった。けれどもガリレオが望遠鏡で観測《かんそく》すると、金星にも月のように太陽に照らされる明るい「面」が見られた。この面のようすと、金星と太陽の位置関係から考えて、ガリレオは、金星が太陽のまわりを公転していると結論《けつろん》づけた。

望遠鏡の登場で、古い説を否定《ひてい》する証拠《しょうこ》があがっていった。月の山々と、その後に発見される太陽黒点《たいようこくてん》によって、完全なはずの神々の天界に傷《きず》がついた。ガリレオがおこなった金星の観測《かんそく》で、プトレマイオスの天動説の信頼性《しんらいせい》が落ちた。たいするコペルニクスの地動説がまちがいだとする証拠《しょうこ》は、あがっていない。

とはいえ、望遠鏡による観測《かんそく》では、ティコの天動説がまちがいだとする証拠《しょうこ》も見つかっていなかった。ティコとコペルニクスの説には、ふたつしかちがいがない。ひとつは、宇《う》宙《ちゅう》の中心を地球とするか太陽とするかということ。もうひとつは、コペルニクス説では地球が動くということだ。地球から宇宙《うちゅう》のはての星までの距離《きょり》はあまりに遠いため、宇宙《うちゅう》の中心が太陽なのか地球なのかを計算できる人はいなかった。それでも、地球が動くと信じていたガリレオは、ティコの説にいどまなければならなかった。ガリレオは、その解決《かいけつ》のかぎは自分の考えた運動の法則《ほうそく》と慣性《かんせい》の法則《ほうそく》であると信じていた（そのときはまだ、それらの法則《ほうそく》を本にまとめてはいない）。

1610年、望遠鏡を使っていくつかの新発見をしたガリレオは、数か月のうちにいそいで『星界《せいかい》の報告《ほうこく》』を出版《しゅっぱん》し、一夜《いちや》にして有名人となった。ヨーロッパじゅうの天文学者《てんもんがくしゃ》が、その発見を自分の目でたしかめたいと思った。性能《せいのう》のいい望遠鏡、とくにガリレオの作業所でつくられた望遠鏡がほしいという人があとをたたず、生産が追いつかなかった。ときにはガリレオ自らが材料のガラスをけずってレンズをつくることもあった。ガリレオの望遠鏡のすばらしさは、なんといっても倍《ばい》率《りつ》の高さと性能《せいのう》のよさにある。リッペンスハイの望遠鏡の倍率《ばいりつ》は3倍だったが、ガリレオのものは8倍、20倍で、最後には30倍のものまでつくられた。現在《げんざい》、イタリアのフィレンツェには、ガリレオの望遠鏡が2本保存《ほぞん》されている。

この時期、ガリレオは人生を楽しんでいた。1610年9月にはパドヴァからフィレンツェにうつり、一日じゅう研究ができる身分となった。むかし教えていたトスカーナ大公《たいこう》であるメディチ家のコジモ2世に仕《つか》える、宮廷《きゅうてい》つき数学者・哲学者《てつがくしゃ》をおおせつかったのだ。ガリレオは、大公《たいこう》に敬意《けいい》を表《ひょう》して木星の4つの星を「メディチ家の星」と名づけていた。明らかなごきげんとりとはいえ、効果《こうか》は抜群《ばつぐん》だった。そして1611年、ガリレオは、望遠鏡をもって意気揚々《いきようよう》とローマへの約3か月にわたる旅に出た。

イエズス会のローマ学院の天文学者《てんもんがくしゃ》をはじめだれもが、ガリレオの発見を正しいとみとめていた。ローマでガリレオは、世界ではじめての本格的《ほんかくてき》な〝科学〟学会である「ヤマ

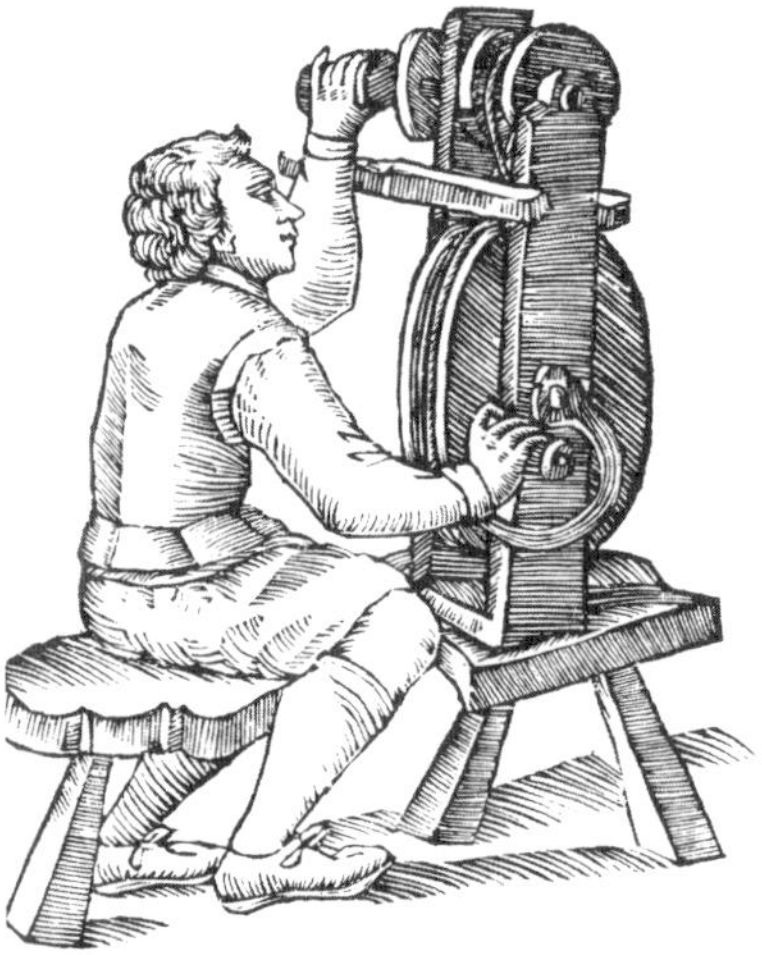

1600年ごろのレンズ研磨機《けんまき》。めがね技師《ぎし》の左手には、レンズの素《もと》になるガラスがにぎられている。

トスカーナ大公《たいこう》であったメディチ家のコジモ2世に、自分が発見した木星の衛星《えいせい》の説明をするガリレオ。

ネコ学会（アカデミア・デイ・リンチェイ）」の会員にもなった。ヤマネコ学会というのは、ヤマネコのようにするどい目で事実を見きわめようという思いから名づけられた会で、哲学《てつがく》や「権威《けんい》ある学者」の思想よりも、観察と実験を大事にした。当時の大学教授《だいがくきょうじゅ》らは、まるで裏《うら》でこっそり申しあわせたかのように、だれもこの学会に入らなかった。

1612年、ガリレオは表面張力《ひょうめんちょうりょく》に関する本を出版《しゅっぱん》する。アリストテレスの哲学《てつがく》が正しいという先入観をもたない、観察と実験にもとづいた傑作《けっさく》だった。ガリレオは、しだいに自分の考えに自信をもつようになった。太陽黒点《たいようこくてん》の性質《せいしつ》について、イエズス会の天文学《てんもんがく》者《しゃ》のひとりと手紙を通してはげしく意見を戦わせたさいにはついに、コペルニクス説を信じることをはじめて自分の意見として書いた。コペルニクスの説が正しいのは明らかなのだから、胸《むね》をはって賛成《さんせい》すべきだと述《の》べたのだ。

しかし、これは失敗だった。神学校《しんがっこう》の天文学者《てんもんがくしゃ》に自分の発見をみとめてもらうことと、自分でたしかな証拠《しょうこ》をしめすことができない宇宙論《うちゅうろん》に賛同《さんどう》してもらうことのあいだには、大きなへだたりがあったのだ。ガリレオは、ローマの友人から「コペルニクス説に賛成《さんせい》するということは、すべての哲学者《てつがくしゃ》の宇宙論《うちゅうろん》に反対するということだ」と注意を受けた。

ガリレオは本格的《ほんかくてき》に敵《てき》をつくってしまった。これを機に、ピサ時代の古い敵《てき》、少数だが口やかましい聖職者《せいしょくしゃ》たち、ガリレオの攻撃《こうげき》がもとで不利益《ふりえき》をこうむった人たちが、一丸《いちがん》となってガリレオに反逆《はんぎゃく》してきた。なかには、大公《たいこう》に仕《つか》えるというガリレオの新しい地位をうらやむ人もいた。「ほんとうの哲学《てつがく》」をうやまわなくなったガリレオをにくむ人もいた。ガリレオをみとめたくない人たちは、ガリレオが主張《しゅちょう》するコペルニクス説にもとづく思想は学者によって議論《ぎろん》されるべき重要な問題だと結論《けつろん》づけた。そうすることで、コペルニクスの説がこれまでのがれていたローマカトリック教会からの注目をあびるようにしむけたのだった。

ガリレオがふたたびローマですごしていた1616年、教会は、地動説は聖書《せいしょ》の教えにそむくという判決《はんけつ》をくだした。〝訂正《ていせい》〟作業のため、コペルニクスの本は出版《しゅっぱん》することも読むことも禁止《きんし》され、

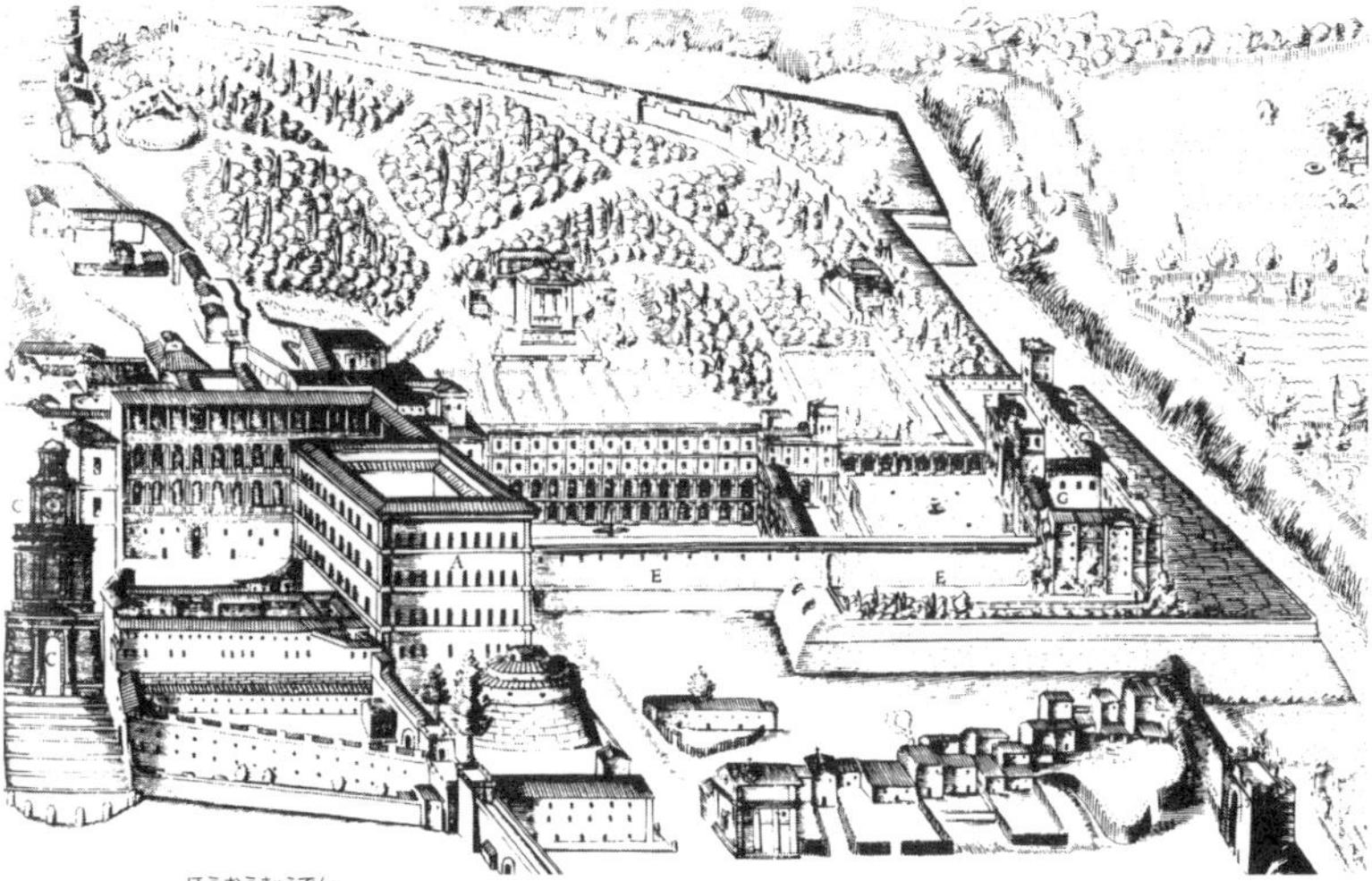

バチカンの法王宮殿《ほうおうきゅうでん》（1625年ごろ）。ここが、ローマカトリック教会の中心だ。

ガリレオはコペルニクスの説を「信じたり支持《しじ》したり」することを禁《きん》じられた。コペルニクス説を数学の仮説《かせつ》として使うことはできたが、それ以外でなにかの根拠《こんきょ》として使うことは、みとめられなくなった。

ガリレオはひどく悲しみ、おこって、フィレンツェに帰った。動かない地球への攻撃《こうげき》は、打ちきりとなった。ティコの説に反対する本を書きたいとも考えていたが、いまとなっては、それももうかなわない。

6 地球の運動

教会に禁《きん》じられてから何年ものあいだ、ガリレオはコペルニクス説を口にしなかった。イエズス会の天文学者《てんもんがくしゃ》たちと彗星《すいせい》の性質《せいしつ》について意見を交わしたときにも、けっしてコペルニクスにふれることはなかった。

1623年、マッフェオ・バルベリーニという人物が新しいローマ法王に選ばれ、法王ウルバヌス8世とよばれるようになった。バルベリーニは実験を重んじる科学に興味《きょうみ》がある人で、ガリレオをよく知っていた。そこでガリレオは新法王に、コペルニクス説についての本を書いてもいいかとたずねた。しかし、法王はお茶をにごした。法王となったからには、以前とはちがって自分の信念がすべてのキリスト教徒の信念とみなされる。そのため勝手な発言が大きな騒動《そうどう》となることもあるからだ。それでも法王は、最後には条件《じょうけん》つきで本を書くことをゆるした。条件《じょうけん》とは、ガリレオが支持《しじ》する説だけでなく、反対する説についても公平に書いたうえで、結論《けつろん》は出さないことだった。

しかし、このときウルバヌス8世は、1616年に聖職者《せいしょくしゃ》からなる委員会がくだした「地動説はあやまりである」という判決《はんけつ》を知らなかった。そしてガリレオも、委員会の判決《はんけつ》を話題にはしなかった。やがて、これがガリレオにとって運命を変えるほど大きなあやまちだったことがわかる。

1632年、『天文対話《てんもんたいわ》』が出版《しゅっぱん》されると、数か月で売りきれとなった。この時代、学術書《がくじゅつしょ》はラテン語で書かれるのがふつうだったが、ガリレオはイタリア語で書いていたので、専門家ではないけれどある程度《ていど》の知識《ちしき》のある一般《いっぱん》の人びとでも読むことができた。しかもこの本は、退屈《たいくつ》な数学の本とはちがって、友人どうしが活発に議論《ぎろん》しあって説明を進め

法王ウルバヌス8世の
マッフェオ・バルベリーニ

バルベリーニ家の紋章《もんしょう》

ていく形式で書かれていた。3人の登場人物が、それぞれの説に賛成《さんせい》意見《いけん》と反対意見をいいあうのだ。ガリレオは、実験と観察の結果を用いながら論理的《ろんりてき》で常識的《じょうしきてき》な論《ろん》を進めていたが、公平とはいえなかった。どうしても、心にひめている信念がおもてに出てしまったからだ。

　コペルニクス説については、それまで、そうとうな数の反論《はんろん》がくりかえされていたが、最後に問題とされることは決まっていた。地球が自転するにしろ公転するにしろ、とにかく動くというのなら、なぜわたしたちは動いていることに気づかないのかということだ。ガリレオは、ピサ大学とパドヴァ大学でとりくんだ運動の法則《ほうそく》から、この問題にすでに答えを出していた。ガリレオがみちびきだしたこの「運動の法則《ほうそく》」については、つぎの章でくわしく説明する。

　ガリレオは、『天文対話《てんもんたいわ》』でプトレマイオス説だけに反論《はんろん》したわけではなかった（ほとんどの天文学者《てんもんがくしゃ》は、もはやプトレマイオス説を信じていなかった）。ティコもやはり、宇《う》宙《ちゅう》の中心は動かない地球だという天動説をとなえていた。もしもコペルニクスとガリレオが正しいとすれば、明らかにプトレマイオスとティコはまちがっていることになる。

　ガリレオは、地動説に深い疑《うたが》いをもつアリストテレスの信奉者《しんぽうしゃ》（熱心に信じる人）たち

1632年に出版《しゅっぱん》されたガリレオの『天文対話《てんもんたいわ》』のとびら絵

3人の学者は、左からガリレオ、プトレマイオス、コペルニクスを思わせる。

を相手に議論《ぎろん》する必要があった。かれらはまた、天界と地球とでは物質《ぶっしつ》の性質《せいしつ》やなりたちがちがうと信じていたので、その説にはきちんとした証拠《しょうこ》がないことをわかってもらう必要もあった。ガリレオの考えでは、回転運動は天界のみならず地球においても自然のことだった。アリストテレス信奉者《しんぽうしゃ》のかたよった考えと戦うためには、ガリレオの考えた運動の科学が強力な武器《ぶき》になる。

『天文対話《てんもんたいわ》』での動く地球に関するくだりは、まずコペルニクスと同じようにかんたんなことばで、「地球が自転するという説は正しい」と説明することからはじまっている。宇《う》宙《ちゅう》全体《ぜんたい》が小さな動かない地球のまわりを毎日毎日まわっているという考えには、無理がある。それはまるで、自分が首をまわすのがめんどうなので、まわりの風景のほうにまわってくれといっているようなものだというのだ。

地球が太陽のまわりを1年かけて公転するというのにも、有力な証拠《しょうこ》がある。地球が公転すると考えれば、これまでなんとなく不規則《ふきそく》に思われた惑星《わくせい》の運動が、きちんとした規《き》則性《そくせい》をもつのだ。空でおこなわれているのは、ふたつのことなる運動の組みあわせといえる。わたしたちは、いくつもの惑星《わくせい》が太陽のまわりをまわるという単純《たんじゅん》な動きを、やはり同じように動いている地球の上から見ているというわけだ。

このあとガリレオは、長らく地動説への反論《はんろん》とされてきた論理《ろんり》にいどむ。これが、この本のなかでもっとも重要な部分となる。ガリレオがもちだしたのは、いまでいう「慣性《かんせい》」の考えかただった。

もしも、かたくて表面がなめらかな球が、かたくて表面がなめらかな水平面におかれており、そっとおされたとしたら、球は速度をあげることも落とすこともなく進むはずだ。直線運動は〝保《たも》たれ〟、そのような理想的な状態《じょうたい》では、球は同じ速度で永遠《えいえん》に転がりつづける。慣性《かんせい》というのは、単純《たんじゅん》でありながらも科学の歴史を大きく前進させた考えだ。

地球が自転することにたいする反論《はんろん》のひとつは、重りが垂直《すいちょく》に落ちることだった。理屈《りくつ》はこうだ。たとえば、塔《とう》の上から自由落下する重りは、地球の中心にむかう。もしも地球が動いているとしたら、落ちはじめたときに重りの下にあった地面は動いてしまい、重りはそれとはべつの場所に着地するだろう。また、地球といっしょに動いている人から見ると、重りは垂直《すいちょく》ではなくななめに落ちるように見えるはずだ。その〝証拠《しょうこ》〟に、等速で大《たい》海《かい》を行く船のマスト（帆《ほ》をはる支柱《しちゅう》）から重りを落とせば、重りは真下ではなく船尾《せんび》のほうにむかうというのだ。

だが、だれかがこの実験をしてみたのかというと、どうやらだれもしていないようなのだ。じつは、ガリレオは、まちがっていると知りながら、いかにも正しく聞こえるように、登場人物に地動説への反論《はんろん》をさせたのだ。そのうえで、この反論《はんろん》をくつがえす意見として、水平なテーブルの上の球とマストのてっぺんの重りは同じ運動をしていると書いている。落ちるまえの重りは、明らかに船と同じく前方への運動をしている（船といっしょに前進している）。重りが落とされたからといって、ガリレオが「永久《えいきゅう》にあたえられた」とする前進する力が、重りから消えるはずはない。だから、船が等速で進むとすれば、重りは、真下の床《ゆか》よりまえに落ちることも、うしろにも落ちることもない。重りはマストの真下に落ちるだろう。そしてガリレオは、塔《とう》から落とした重りについても同じことがいえるといった。地球が動いていようと、とまっていようと、重りが垂直《すいちょく》に落ちるのは疑《うたが》いようもないのだと。

　ガリレオは、こうも書いている。

「もっと正確《せいかく》にいえば、わたしたちが目にするのは、ただの落下運動です。地球、塔《とう》、わたしたちみなに共通して働くもうひとつの運動（慣性《かんせい》運動）のほうは、つねにほんのわずかで、存在《そんざい》しないも同然だからです」

　つぎにガリレオは、「もし地球が自転しているのなら、すべては地上にとどまらずに宇《う》宙《ちゅう》にふきとんでしまうだろう」という地動説への反論《はんろん》を、自身でつぎのように書いている。

「岩や建物や街がすさまじい回転に耐《た》えて空にとびださないでいるためには、それらがそうとうな重さで、また使われているしっくいやモルタルの接着力《せっちゃくりょく》がそうとう強くなければいけないはずです」

この反論《はんろん》に、ガリレオは「慣性《かんせい》」を用いて答えている。

ひもの先につけた重りをまわして手をはなすと、慣性《かんせい》により、重りは手がはなれたときにあった点から円の接《せっ》線《せん》に沿《そ》って直線運動をはじめる。地球上にいるわたしたちも、ガリレオが「すさまじい回転」といっている24時間でひとまわりする運動（自転）によって回転運動をしている。したがって、地面からはなれて接線《せっせん》に沿《そ》ってとんでいこうとする。しかし、わたしたちには地球の中心にむかう力（落下しようとする力）が働いている。もしも接線方向《せっせんほうこう》の運動の速さが落下の速さよりも大きければ、地上のものは宇宙《うちゅう》のかなたにとんでいってしまうだろう。

回転運動の慣性《かんせい》

ふりまわした重りから手をはなすと、重りは慣性《かんせい》によって接線上《せっせんじょう》をとんでいく。接線《せっせん》とは、円に1点だけがふれるようにひいた直線で、円の半径と直角に交わる。

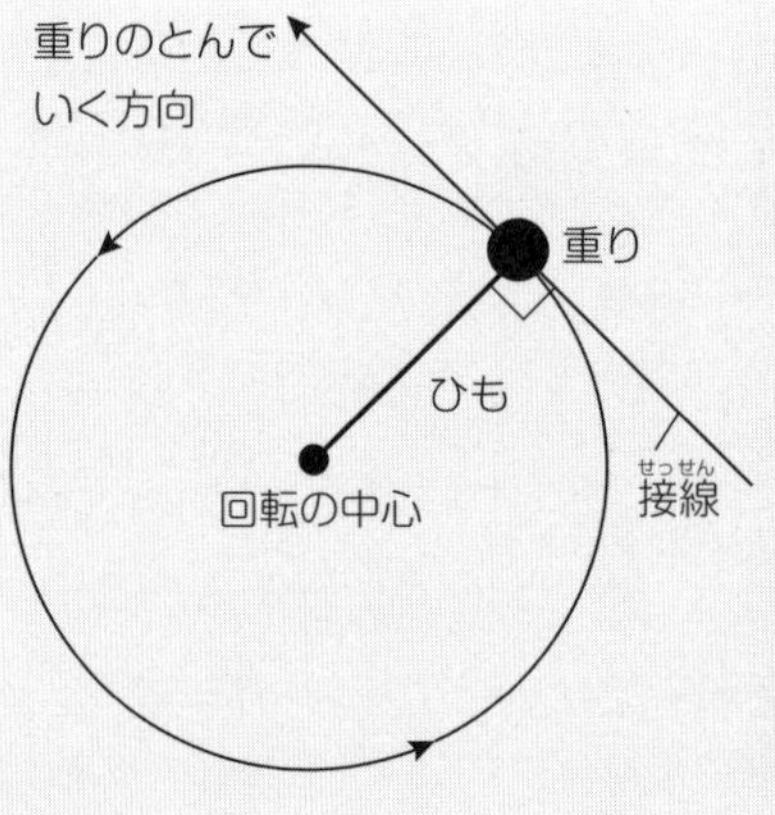

ガリレオは、下にむかう速さがつねに接線《せっせん》に沿《そ》う速さよりも大きくなることを証明《しょうめい》しようとした。

『天文対話《てんもんたいわ》』でガリレオが証明《しょうめい》しようとこころみた「すべてのものが、地球とともに絶《た》え間《ま》なく回転運動をする」という説は、アリストテレス信奉者《しんぽうしゃ》にとって、もちろんありえない考えだった。「地球上の物質《ぶっしつ》」にとっての「自然の運動」は、宇宙《うちゅう》の中心にむかう運動だ。「回転運動」は天界だけにゆるされているのだ（31ページ参照）。だが、ガリレオは考えた。この〝回転〟の、どこが自然でないのだ？　けっきょくこれは、接線《せっせん》にそった自然な直線運動と、物質《ぶっしつ》が地球の中心にむかう「自然の運動」の組みあわせにすぎない。そう考えれば、地球の回転もやはり自然なことになる。

ガリレオは、この考えかたを太陽のまわりを公転する惑星《わくせい》にまではあてはめなかった。惑星《わくせい》の軌道《きどう》は単純《たんじゅん》な円ではないので（１６０９年にケプラーがしめしたように、楕円《だえん》である）、ガリレオの「自然の円運動」では説明できなかったのだ。

太陽のまわりをまわる地球の運動は地球上での実験では証明《しょうめい》できないと、ガリレオはいう。それは、おだやかな日に等速で進む船の船室にいるのと同じ状態《じょうたい》だ。船室で実験をしても、船が動いていることを証明《しょうめい》することはできない。船室では重りは真下に落ち、室内

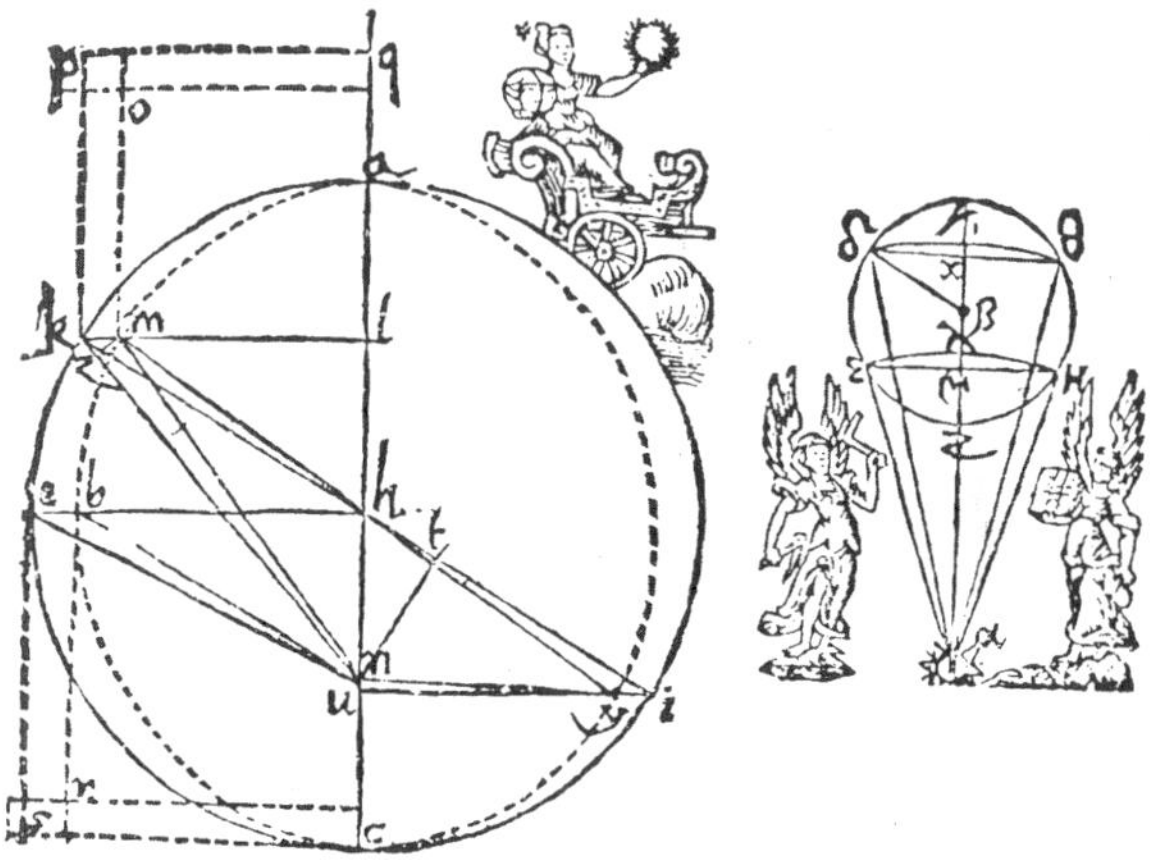

ケプラーは、長年にわたって火星の軌道《きどう》を研究した末、惑星《わくせい》の軌道《きどう》が楕円《だえん》であることを発見した。これは、1609年に発行された『新天文学《しんてんもんがく》』で使用された図。

アイザック・ニュートン
（1642～1727年）
1687年に出版《しゅっぱん》された『自然《しぜん》哲学《てつがく》の数学的諸原理《すうがくてきしょげんり》（プリンキピア）』でニュートンは、ガリレオの力学《りきがく》と運動の研究をまとめた。さらに、この本に書かれた力学《りきがく》を宇宙全体《うちゅうぜんたい》にあてはめることで、万有引力《ばんゆういんりょく》の法則《ほうそく》を発見した。

をとびまわる鳥は外をとびまわるのと同じように動く。等速運動をしている場（たとえば船室内）での物理《ぶつり》現象《げんしょう》は、そのほかの場（たとえば陸上）での物理《ぶつり》現象《げんしょう》と変わりがない。これはニュートンの「古典」力学《りきがく》の原理であり、現代《げんだい》ではアルベルト・アインシュタインの特殊《とくしゅ》相対性《そうたいせい》理論《りろん》の原理といえる。

じつは、ガリレオは地球の運動の証拠《しょうこ》をつかんだとして、『天文対話《てんもんたいわ》』のなかで説明している。潮《しお》の満《み》ち引《ひ》きは、地球が一定ではない運動をしている証《あかし》だと考えたのだ。満《み》ち引《ひ》きは地球の自転と太陽を中心とした公転がたがいに影響《えいきょう》しあって起きるというのが、ガリレオの説だった。西から東に自転する地球は、同時に、太陽のまわりを同じ方向に公転している。そのため、太陽に面した側では自転と公転は逆方向《ぎゃくほうこう》となり、運動はたがいに消しあう。一方《いっぽう》、その反対側では、ふたつの運動は重なって、大きくなる。この「差」により、水の入ったボウルをゆらすと水面が波立つように、海に小さな運動が起きるというのだ。

『天文対話《てんもんたいわ》』は、すぐに大問題となった。今回ガリレオに反論《はんろん》してきたのは、大学の哲学《てつがく》者《しゃ》たちではなかった。ガリレオは、太陽黒点《たいようこくてん》や彗星《すいせい》の性質《せいしつ》について真《ま》っ向《こう》からぶつかりあったことで、ローマ学院の天文学者《てんもんがくしゃ》のなかに敵《てき》をつくっていたのだ。天文学者《てんもんがくしゃ》たちはローマカトリック教会に、この本の思想はかたよっていると報告《ほうこく》した。本の内容は、10年まえの即位《そくい》時に法王ウルバヌス8世がガリレオに出した出版《しゅっぱん》の条件《じょうけん》をかなり無視《むし》していた。さらに問題をややこしくしたのは、この本が、出版《しゅっぱん》まえに教会がおこなった検閲《けんえつ》（出版物《しゅっぱんぶつ》などの内容をたしかめて、問題があれば発表を禁《きん》じること）に合格《ごうかく》していたことだった（その判断《はんだん》がまちがっていたか正しかったかは、もはや問題ではない）。

ガリレオがゆるされていたこと、ゆるされていなかったことの真相について、さまざまなうわさがみだれとんだ。1616年の判決《はんけつ》にいたるまでのローマカトリック教会の記録の調査《ちょうさ》がおこなわれたが、その記録は、ガリレオが覚えていた内容とはちがっていた。記録によると、ガリレオが本を書くことは、かれが思っていた以上にきびしく禁止《きんし》されていた。ここまできびしくいわれていたのなら、ガリレオもぬけぬけと法王に出版《しゅっぱん》のゆるしをこうなどとてもできなかっただろう。じつは、その記録は1616年の事実を正しく書きのこしたものではないことが判明《はんめい》したうえ、にせの書類である可能性《かのうせい》さえあることがあとでわかるのだが、法王の耳には早いうちからまちがった記録の内容がとどいてしまった。

ウルバヌス8世は、ガリレオにばかにされただけでなくうそをつかれたと信じこみ、かんかんになっておこった。じっさいは、ガリレオはうそをついてなどいないし、法王にたいしてコペルニクス説に関する自分の意見やローマカトリック教会の意見を述《の》べたことさえない。しかし法王は、目をかけてやっていたガリレオが本を書くゆるしを得るために自分を利用したと思いこんでしまったのだ。問題は異端審問所《いたんしんもんじょ》（キリスト教の教えに反している考えをもっているかどうかを判断《はんだん》する場）にもちこまれ、1632年10月、ガリレオは裁判《さいばん》のためにローマによびだされた。

ガリレオは、おそれていたよりもさらにきびしい事態《じたい》に追いこまれた。病気としずんだ気持ちをかかえて、遠い南の地までの長旅に出る決心は、なかなかつかなかった。けれども1633年2月、意を決し、ついにローマにむかった。

ガリレオは、1616年にローマ教会からいいわたされた命令にそむいた罪《つみ》でうったえられた。しかしまもなく、ローマ教会の記録がおかしいことが明らかになり、異端審問《いたんしんもん》は、本筋《ほんすじ》をそれた点で議論《ぎろん》することしかできなくなった。とはいえ、異端審問《いたんしんもん》は法律《ほうりつ》にもとづく裁判《さいばん》ではない。教会側の目的は、異端者《いたんしゃ》に罰《ばつ》をあたえ、キリストの教えを守りとおすことにある。

ガリレオが自由の身になる望みはなかった。この場で裁判《さいばん》するまでもなく、コペルニクス説の問題点は1616年にすでにローマ教会によってすべて明らかにされ、それはまちがいであり、異端《いたん》であると、結論《けつろん》づけられていた。そしてガリレオは、法王にその事実をまったく伝えていなかった。この審問《しんもん》は、いかりにもえる法王がガリレオを見せしめにするためにおこなわれるものにすぎない。ガリレオも、それに気づいていた。証拠《しょうこ》などは意味をなさず、審議《しんぎ》のすべては、決められた結論《けつろん》にたどりつかせるための手段《しゅだん》にすぎなかった。そのためガリレオは、罰《ばつ》を軽くするという教会側の約束とひきかえに、罪《つみ》の告白をすると決めた。ガリレオは宣言《せんげん》した。

「自分の書いた本を読みなおした結果、わたくしは、『うぬぼれと無知』から、コペルニクス説をかいかぶって（高く評価《ひょうか》しすぎて）いたと気づきました。……コペルニクス説をすてるようにと命令がくだった（1616年）のちは、わたくしはコペルニクスの説を信じておりませんでしたし、いまもなお信じておりません。これからも一生、

異端審問《いたんしんもん》で罪《つみ》を告白するガリレオをえがいた19世紀の絵画。審問《しんもん》がおわるころには、ガリレオはつかれきり、体調もひどく悪化していた。

命令にしたがいます。どうぞ、この身をお好きなようになさってください」

　ガリレオが本心からいっているのでないことは、だれが聞いても明らかだった。だが、とにもかくにもこれで罪《つみ》の告白はなされた。ガリレオは臆病者《おくびょうもの》ではない。ただ、コペルニクスの書いた〝うそ〟に反対するしか道がなかったのだ。くわえて、この時代にはまだ、異端審問《いたんしんもん》のための拷問《ごうもん》（心身をいためつけること）がおこなわれてもいた。罪人《ざいにん》は、審問《しんもん》のまえに、「覚えておけ」とばかりに拷問《ごうもん》の道具を見せつけられた。

　1633年6月22日、ガリレオは有罪《ゆうざい》となり、終身刑《しゅうしんけい》をいいわたされた。『天文対話《てんもんたいわ》』は、読むことも出版《しゅっぱん》することもゆるされなくなった（禁書《きんしょ》あつかいは200年つづいた）。また、新しく本を出版《しゅっぱん》することも禁《きん》じられた。

　ガリレオには大きな打撃《だげき》だった。軽い罪《つみ》ですむといわれ、自分もそう思っていたのだから。とはいえ、重罪《じゅうざい》にもかかわらず、じっさいには牢獄《ろうごく》からすぐに出されたあとローマをはなれ、親しくしているシエナの大司教《だいしきょう》の家で罪人《ざいにん》としてくらすことをゆるされた。それから5か月もすると、フィレンツェのいなかの丘《おか》の上にあるアルチェトリの自分の別荘《べっそう》にもどることもゆるされた。しかし、家の敷地《しきち》の外に出ることは、生涯《しょうがい》できなかった。

牢獄《ろうごく》で異端審問《いたんしんもん》を待つガリレオ
じっさいにはそう悪いあつかいを受けておらず、召使《めしつか》いをつけることもゆるされた。

7 ガリレオの力学《りきがく》と運動の法則《ほうそく》

ガリレオは、天文学者《てんもんがくしゃ》としてはもはや研究をつづけることができなくなった。しかし、審問《しんもん》で打ちのめされた心がいえて光が見えてくると、一生の研究である静力学《せいりきがく》と動力学《どうりきがく》の総《そう》しあげにとりかかるよう、周囲からすすめられた。教会から出版《しゅっぱん》を禁《きん》じられていたため、オランダの友だちに原稿《げんこう》を送ると、その友だちが1638年に、オランダのライデンでこれを出版《しゅっぱん》した。

ガリレオは、印刷にかけられる直前まで出版《しゅっぱん》のことを知らなかったと、きっぱりいっている。こ

ライデンの印刷業

オランダのライデンは、中世《ちゅうせい》から織維業《せんいぎょう》がさかんな大都市だった。16世紀の後半にライデン大学が設立《せつりつ》されると、印刷・出版業《しゅっぱんぎょう》の中心ともなった。『新科学対話』は、ライデンのなかでも国外にも名が知れわたるエルゼヴィル書店（印刷所）から出版《しゅっぱん》された。本文のまえには、自分の知らないうちに原稿《げんこう》が書店にわたり、出版《しゅっぱん》されることになったいきさつを、ガリレオが書いている。また、「書店より読者へ」という文章がさしはさまれ、ガリレオのこれまでの成果とこの本に書かれた発見の重要性《じゅうようせい》が述《の》べられている。

うして世に出た『新科学対話』は、ガリレオにとって最後の本であり、科学者としてのガリレオの最高峰《さいこうほう》といえる。

『新科学対話』は、「固体がこわれずに耐《た》える力」と「運動」に関する、新しい科学の本だ。前者は聞きなれない研究だが、たとえば、さまざまな状況《じょうきょう》のなかでかたい角柱《かくちゅう》が折れるときの力に関することなどが述《の》べられており、ガリレオの機械学の研究と材料力学《ざいりょうりきがく》の考えかたがもとになっている。

ガリレオは、すべての物質《ぶっしつ》は粒《つぶ》でできていると考えた。では、粒《つぶ》と粒《つぶ》はなににによってくっついているのだろうか? ガリレオによると、粒《つぶ》と粒《つぶ》のあいだには真空《しんくう》が入りこまないようにするために、引きあう力が働いている。「自然は真空《しんくう》をきらう」のだ。そのため、粒《つぶ》どうしは、まるで平らなガラスや金属《きんぞく》の板を2枚合わせたようにぴったりくっついて、なかなかひきはなすことができない。

また、ガリレオは、くみあげポンプが約10メートル以上の高さになると水をくみあげられなくなることを知っていた。そしてその理由を、管をのぼってきた水は、粒《つぶ》が反発しあう力が大きくなりすぎて「こわれて」しまうからだと考えた。残念ながら、これはまちがっているのだが。

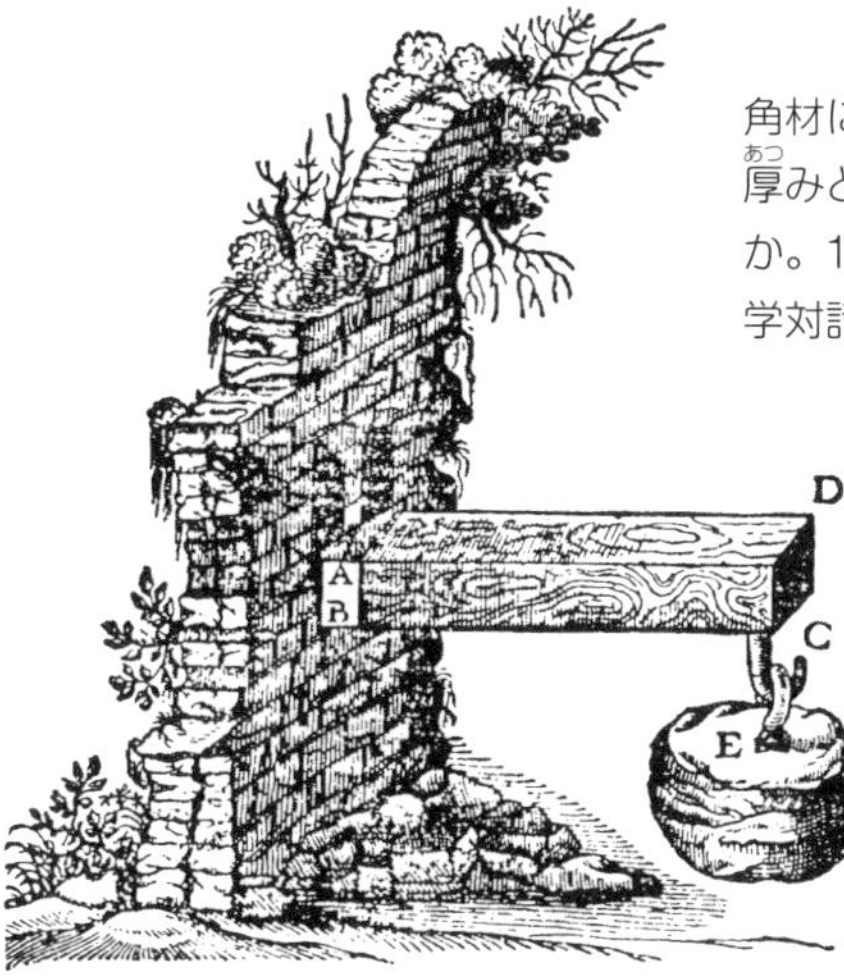

角材に力をかけたときの強度が、厚《あつ》みと長さによってどう変わるか。1638年ガリレオの『新科学対話』より。

ガリレオの別荘《べっそう》

フィレンツェのいなかの丘《おか》の上、アルチェトリにある。罪人《ざいにん》のガリレオは、残りの人生をここですごした。

さまざまな問題にぶつかったとき（たとえば、力のかけかたを変えると、かたい角材はそれぞれどのような状態《じょうたい》になるかなど）、ガリレオはいつでも、問題を「てこ」と「天秤《てんびん》」の原則《げんそく》といういちばん単純《たんじゅん》な状態《じょうたい》におきかえて考えた。てこと天秤《てんびん》は、ガリレオの機械学における「機械（しくみ）」なのだ。科学の基礎《きそ》については、ガリレオ以前の科学者らがすでに明らかにしていたが、力学《りきがく》の基礎《きそ》をガリレオほどきちんと説明できる科学者はいな

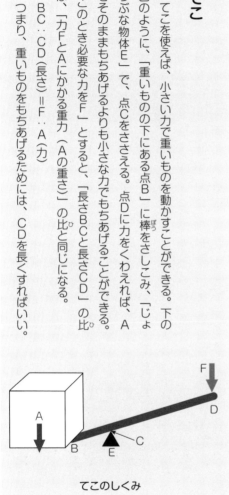

てこ

てこを使えば、小さい力で重いものを動かすことができる。下の図のように、「重いものの下にある点B」に棒《ぼう》をさしこみ、「じょうぶな物体E」で、点Cをささえる。点Dに力をくわえれば、Aをそのままもちあげるよりも小さな力でもちあげることができる。「このとき必要な力をF」とすると、「長さBCと長さCD」の比《ひ》は、「力FとAにかかる重力（Aの重さ）」の比《ひ》と同じになる。

BC：CD（長さ）＝F：A（力）

つまり、重いものをもちあげるためには、CDを長くすればいい。

てこのしくみ

点Cを「支点《してん》」という。じゅうぶんに長い棒《ぼう》を使い、てこのしくみをつくれば、理論上《りろんじょう》は、どんな重いものでも動かすことができる。

天秤《てんびん》

ガリレオの時代には、ものの重さをはかるのに下の図のような天《てん》秤《びん》が使われていた。

「点C」でささえられる天秤《てんびん》の片方《かたほう》のはし「点A」に、はかりたいものDがかけられている。もう一方《いっぽう》の「点B」と点Cのあいだは長く、このあいだを、重りEが動かせるようになっている。もしも「DとEの重さが同じなら」、「FCとCAの長さが等しい点で」左右がつりあう。「DがEよりも重ければ」、「FCがCAよりも長くなったある点で」左右がつりあう。そのとき「長さFCと長さCA」の比《ひ》は、「重さDと重さE」の比《ひ》と同じになる。

FC：CA（長さ）＝D：E（重さ）

つまり、左右をつりあわせるためには、Dが重くなるにつれて、重りEを点Bのほうに動かしていかなくてはいけない。

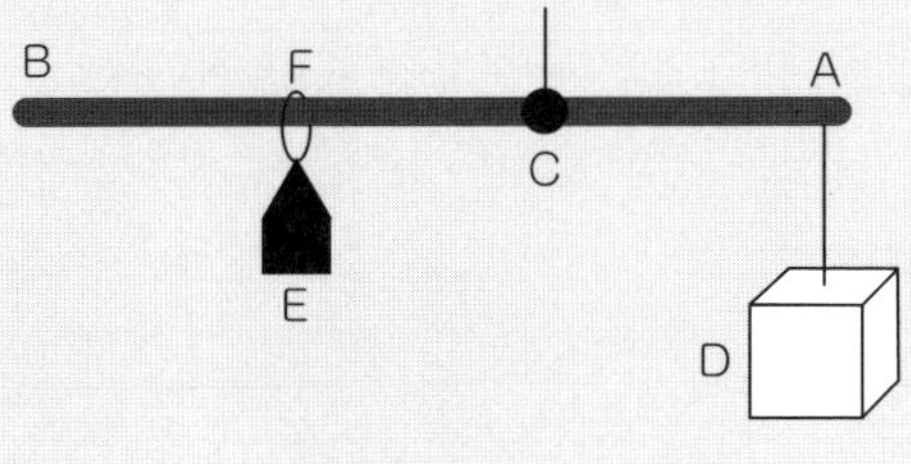

天秤《てんびん》のしくみ

かった。若《わか》いころに講義《こうぎ》のために基本的《きほんてき》な機械についての説明をまとめた『レ・メカニケ』はそのころ出版《しゅっぱん》はされていなかったものの、ガリレオの生徒たちにはおなじみの本で、イタリアをはじめとする各国で何度も書きうつされた。

以前の科学者は、静止と運動をべつのものとして考えた。しかしガリレオは、ふたつの状態《じょうたい》には関連性《かんれんせい》があると考えた。とまっている機械は、動いている機械の特別な状態《じょうたい》なのだ。たとえば、つりあってとまっている天秤《てんびん》も、ほんの小さな重りをたせば動く。

ここからは、ガリレオの力学《りきがく》と運動の研究でとくに重要なふたつの分野について、くわしく見ていこう。

1　自由落下

ガリレオの若《わか》いころ、運動と変化について正しい考えかたとされていたのは、やはりアリストテレスの論《ろん》だった。アリストテレスによると、自然はすべて静止と運動の相互作用《そうごさよう》からなっている。運動の基礎《きそ》を研究することは、自然の基礎《きそ》を研究することと同じだった。そこでアリストテレスは、運動が「なぜ」起きるかという理由をさぐった。しかし、運動が「どのように」起きるかには関心をもたなかった。

16世紀のイタリアでは、落下と運動について多くの論《ろん》が述《の》べられたが、答えは出なかった。たとえば、空気抵抗《くうきていこう》を無視《むし》したとき、重い物質《ぶっしつ》は、とまった状態《じょうたい》からじょじょに速度をあげるのか、それともすぐに一定の速度になるのかについての決着はつかなかった。

本のなかでガリレオは、自分の考えた自由落下の法則《ほうそく》を、自分が得意《とくい》とする方法でことこまかに証明《しょうめい》している。それは、もっとも単純《たんじゅん》な定義《ていぎ》からなる純粋《じゅんすい》な数学的手法といえる。ガリレオはいつも、法則《ほうそく》を略《りゃく》さずにすべて説明していたのだが、それを現代《げんだい》の「代数《だいすう》」を用いた形にすると、つぎのようになる。

●ガリレオの考えた自由落下の法則《ほうそく》

・$s \propto t^2$
・$v \propto t$
・$s = 1/2vt$

vは速度、tは静止状態《せいしじょうたい》からかかった時間、sは静止状態《せいしじょうたい》から落ちた距離《きょり》、∝は「比《ひ》例《れい》関係をあらわす（たとえば、Sの値《あたい》が2倍、3倍とふえていくと、t^2の値《あたい》も2倍、3倍とふえていく)。

ガリレオがまとめた慣性《かんせい》の法則《ほうそく》はよく知られているが、自由落下の法則《ほうそく》もそれにならぶほど重要な仕事といえる。ガリレオが発見した速度や距離《きょり》の関係はかんたんでわかりやすいが、発見するまでの道のりはけっしてかんたんではなかった。何年もかけて実験と観察と数学の研究をした成果といえる。

運動についてくわしく調べるためには、すべての作業で物質《ぶっしつ》の動きをゆるやかにする必要があった。このため、落下の実験ではいつも、表面がなめらかな小さい球を、かたむいた面——つまり、なめらかな斜面《しゃめん》——の上で転がす方法をとった。これによって落ちかたはふつうの自由落下よりもゆるやかになり、計測《けいそく》が楽になる。すでにガリレオは、斜面《しゃめん》の最下点《さいかてん》での速度は、同じ高さから自由落下で落としたときの速度と同じになることを証明《しょうめい》していた。つまり、地面に垂直《すいちょく》に落としても、斜面《しゃめん》にそって落としても、着地するときの速さは同じになるのだ。

こうして、球がなめらかな斜面《しゃめん》を転がる距離《きょり》と時間を計ることで、ガリレオは「$s \propto t^2$の法則《ほうそく》」(距離《きょり》は時間の2乗《じょう》に比例《ひれい》する)を発見した。

時間の計測《けいそく》については、秒まで計れる時計がまだなかったため、自分の脈拍《みゃくはく》を数えるこ

自由落下の法則《ほうそく》を発見するまで、ガリレオは何年もかけて一生懸命《いっしょうけんめい》に研究をした。

とが多かった。ときには水時計《みずどけい》を使うこともあった。これは、底にあけた穴《あな》から水が一定の速さで落ちるようにした木の桶《おけ》で、指で穴《あな》をおさえたりはなしたりしながら、一定時間にどのくらい水が落ちるかで時間を計った。正確《せいかく》な平均値《へいきんち》を求めるために、実験は何度もおこなわれた。

また、音楽に合わせてリズムを打つと、おどろくほど正確《せいかく》に一定の短時間を計ることができる。ガリレオが、落下距離《らっかきょり》と時間の関係を調べる実験でこの方法を使ったのもうなずける。

これらの計測《けいそく》はかんたんにできたが、むずかしいのは、速さを測《はか》ることだった。ガリレオは1604年に友人にあてた手紙で、自由落下に関係するのは速度の増加《ぞうか》と落下距離《らっかきょり》だと書いている。じっさいには、関係するのは距離《きょり》でなく時間なので、ガリレオはまちがっていた。だが、ガリレオ以前の科学者も、たいていは速度の増加《ぞうか》は距離《きょり》に関係すると思っていた。アリストテレスの「物体は〝自然の場所〟に近づくにつれて速度を増《ま》す」という考えにひきずられたからだ。なんにせよ、しばらくのあいだガリレオは、$v \propto s$（速度は距《きょ》離《り》に比例《ひれい》する）と$v \propto t$（速度は時間に比例《ひれい》する）を同じことだと考えていたらしい。しかし、数年後に自分の計算を見なおして、なにかがおかしいと感じた。そして1609年、ガリレオは、速度は時間に比例《ひれい》すること、すなわち「$v \propto t$の法則《ほうそく》」をつきとめた。もうひとつの「$s=\frac{1}{2}vt$の法則《ほうそく》」には、速度、時間、落下距離《らっかきょり》のすべてが出てくる。ガリレオは、中世《ちゅうせい》にイギリスのオックスフォードで使われていた方法を利用して、とてもわかりやすくこの法則《ほうそく》を証明《しょうめい》している。いまでいうグラフをかく方法で、速度（v）と時間（t）の関係をあらわしたのだ。どの時間をとってみても、動いた距離《きょり》は図の面積（$\frac{1}{2}vt$）に等しくなる。運動をこのように図にしたことで、連続するすべての点での運動をとらえることができるようになり、多くの問題が解決《かいけつ》されることになった。数学を応用《おうよう》して物理の問題を解《と》いたお手本といえる。

しかしガリレオは、運動量、仕事率《しごとりつ》、力などについてはまだ明確《めいかく》に定義《ていぎ》できず、ときとしてぼんやりとした考えをもつのみだった。同じことがらなのに、ことなる用語を使うこともよくあった。また、質《しつ》量《りょう》と、重力が質量《しつりょう》にあたえる影響《えいきょう》（つまり、重さ）

ガリレオがかいた図

線分《せんぶん》ACがt、線分《せんぶん》BCに平行にひいた線がv、そこにできた三角形の面積がsをあらわす。

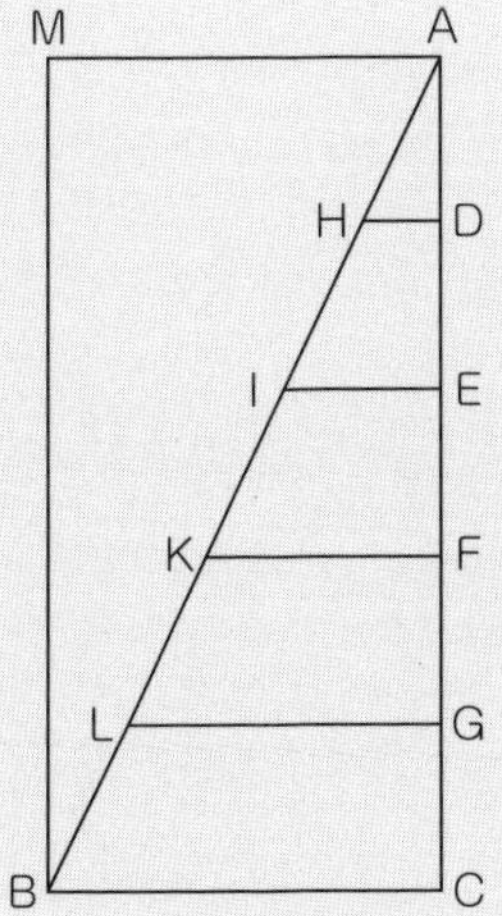

とのちがいもわかっていなかった。このちがいがきちんと区別されるためには、アイザック・ニュートンの登場を待たなければいけない。

2 慣性《かんせい》と投射体《とうしゃたい》

ガリレオの時代、さまざまな運動のなかでももっとも多くの人の関心を集めていたのは、投射体《とうしゃたい》（投げられたもの）の動きだった。砲術《ほうじゅつ》と戦争でとくに重要だったこともあるが、それにくわえて、この運動はとても複雑《ふくざつ》だからだ。自由落下の法則《ほうそく》が定義《ていぎ》されていなかったガリレオ以前の時代に、ものがとぶときの運動を予測《よそく》できないのは当然だった。ここでもまた、アリストテレスに登場してもらおう。

アリストテレスは、投射体《とうしゃたい》の運動のようにまったくの自由落下、すなわち「自然」ではない運動を、「強制《きょうせい》」運動とよんだ。これは、ほかから力をあたえられる運動を意味する。

砲術《ほうじゅつ》の計算を説明する図

砲丸《ほうがん》を投げると曲線をえがく事実は知られていた。しかし、初期の砲術《ほうじゅつ》では、射程距離《しゃていきょり》を計算するさいに砲丸《ほうがん》の運動をアリストテレスのいう「強制《きょうせい》」運動の力と「自然」運動の力に分けて、直線であらわしていた。

「自然」運動が〝自然の場所〟にむかうように、「強制《きょうせい》」運動のほうは〝自然の場所〟から遠ざかろうとする。すべての運動は、このふたつの正反対の運動の、一方《いっぽう》または両方を使って説明することができる。ところが、このふたつの運動についてくわしく考察するうちに、アリストテレスの論理《ろんり》はあやしくなっていった。

　アリストテレスの「力があたえられた」運動という考えかたによって、物理学は慣性《かんせい》の法則《ほうそく》の入り口に歩《ほ》を進めたかと思われた。しかし、コペルニクスの宇宙論《うちゅうろん》のときもそうだったが、一足《いっそく》とびにそこにたどりつけるほど、物理学は発達していなかった。ここで、慣性《かんせい》とはべつな論《ろん》が登場した。とはいえ、一見《いっけん》すると「慣性《かんせい》の法則《ほうそく》」と変わりないようにも思える論《ろん》だ。

　それは、インペトゥス理論《りろん》といわれている。たとえば大砲《たいほう》の場合、火薬が爆発《ばくはつ》するときに、ある程度《ていど》の「あたえられた力」（これを「インペトゥス」という）が砲丸《ほうがん》に伝えられるという考えかただ。それは、ガリレオが考えた「永久《えいきゅう》にあたえられた力」（つまり「慣《かん》性《せい》による力」）とはちがう。インペトゥスは一時的な現象《げんしょう》であって、熱や鐘《かね》の音《ね》のように、時間がたつと消えてしまう。上にむけて放たれた砲丸《ほうがん》は、永久《えいきゅう》にのぼっていくわけではない。頂点《ちょうてん》ではインペトゥスはなくなっていて、その後はまるで「自然」運動があとをひきついだように、自由落下となる。中世《ちゅうせい》の学者たちにとって、「強制《きょうせい》」運動が長くつづかないことは明らかだった。投げられるなどして「強制《きょうせい》」的な力があたえられた物体が永久《えいきゅう》にそのままの運動をつづけないことは、観察すればわかる。同じ「あたえられた力」であっても、わたしたちがこれまでの章で見てきた慣性《かんせい》の原理とは、その点で大きくことなる。

では、なぜインペトゥスは弱まるのか？　インペトゥス派《は》が考えた理由のひとつは、空気抵抗《くうきていこう》である。もうひとつ考えられる理由は、投射体《とうしゃたい》がその自然の性質《せいしつ》に反して上向きに投射《とうしゃ》されたことだ。そのために投射体《とうしゃたい》のなかに反対の力と抵抗《ていこう》が生《しょう》じ、インペトゥスがへっていくというわけだ。

ガリレオは、ピサとパドヴァ時代に、球と平面と振《ふ》り子《こ》を使った、運動に関するごく単純《たんじゅん》な実験をは

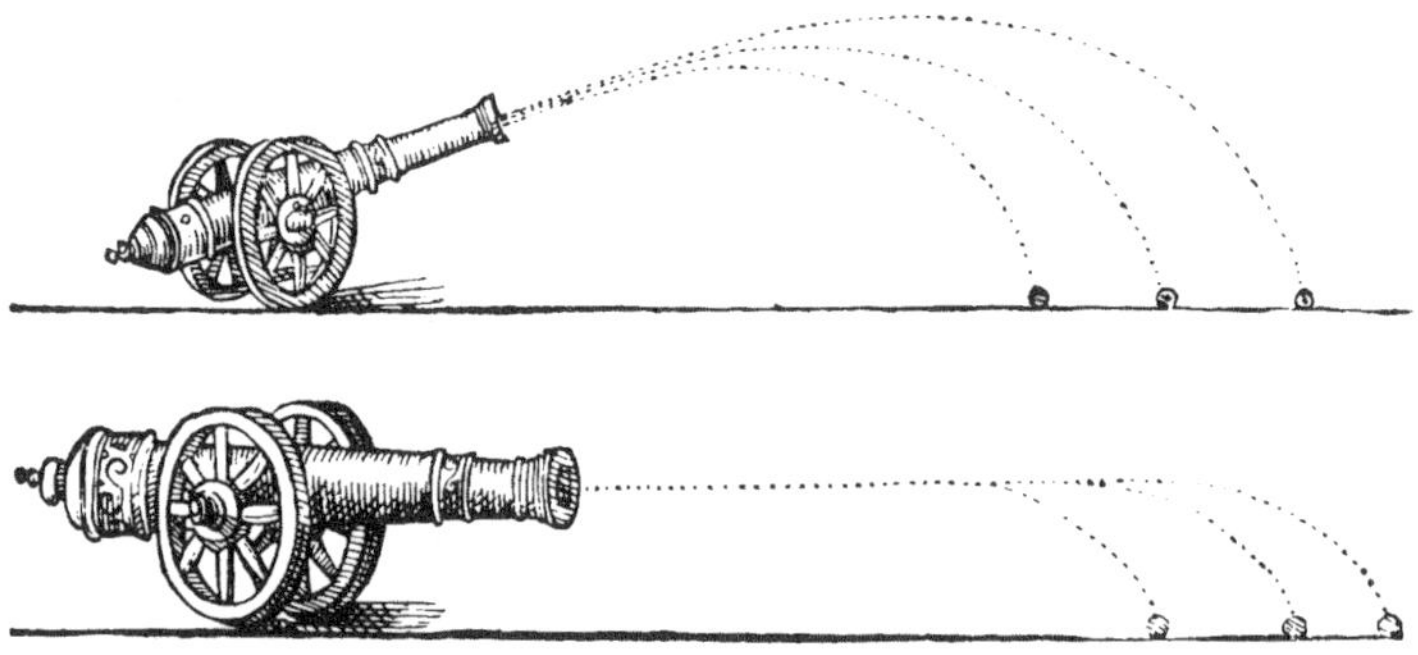

砲丸《ほうがん》がえがく放物線

インペトゥス理論《りろん》によると、砲丸《ほうがん》は、落下がはじまるまえまではインペトゥスによって進み、放物線の頂点《ちょうてん》からは自由落下をはじめる。ガリレオの考えかたでは、砲丸《ほうがん》がとびはじめたときから、「慣性《かんせい》」と「重力」というふたつの力が同時に働く。下の図は、大砲《たいほう》を水平にうったときのもの。砲丸《ほうがん》は、このあと述《の》べるガリレオの実験（80ページの図）のCからDにかけてと同じ状態《じょうたい》となる。

じめていた。その実験結果が、ガリレオの考えを180度変えた。これによってガリレオは、アリストテレスの考えにとらわれていた仲間たちよりずっと先を行くことになる。まえの章で述《の》べたような、水平におかれた平面上での完全な球の運動について考えるうちに、ガリレオのなかで疑問《ぎもん》が頭をもたげた。この運動は、「自然」でも「強制《きょうせい》」でもないのではないか？　ガリレオはこれを、「変化のない」運動とよんだ。いまでは、わたしたちはこのような運動を「慣性《かんせい》」とよぶ。ガリレオのこの考えは、投射体《とうしゃたい》の正しい運動理論《うんどうりろん》の基礎《きそ》となった。

慣性《かんせい》を実験で証明《しょうめい》することはとてもむずかしい。理想的なめらかさをもつ球も平面もないからだ。ガリレオは方法を変え、空中で慣性《かんせい》がなりたつかどうかを調べようとした。これなら、球と平面のあいだの摩擦《まさつ》（こすれることで運動をじゃまする力）がない。

ガリレオは、球がつぎのように運動する装置《そうち》をつくった。かたむけた平面を転がったあとに短距離《たんきょり》だけ水平に転がり、最後はテーブルのはしからとびだして、床《ゆか》に着地する。

斜面《しゃめん》を転がる距離《きょり》を回ごとに変えると、球は毎回ちがう速度で水平な面に達した。とびだしたあとの落下点を速度別に記録していくと、結果は予想どおりだった。テーブルからとびだした球は、着地するまで水平方向の速度を保ち《たも》（慣性《かんせい》）、とびだすときに速度が大きい球ほど遠くまでとんだ。

この実験からは、もうひとつ大事なことがわかる。ガリレオの実験結果の記録には、テーブルをはなれてからの球の軌跡《きせき》（道すじ）がかかれていて、それはきれいな放物線《ほうぶつせん》となっていた。ガリレオは、これに幾何学《きかがく》の知識《ちしき》を合わせることで必要な証明《しょうめい》をした。物質《ぶっしつ》の水平運動が等速の場合、物質《ぶっしつ》に放物線《ほうぶつせん》をえがかせるためには、垂直《すいちょく》方向《ほうこう》の運動の距離《きょり》が時間の2乗《じょう》に比例《ひれい》しなくてはならない。これは、ガリレオがすでに知っている自由落下の法則《ほうそく》だった（71ページの $s \propto t^2$ 参照）。ガリレオは、慣性《かんせい》の運動と自由落下の運動を同時にする投射体《とうしゃたい》が放物線《ほうぶつせん》をえがくことを理論上《りろんじょう》知っていて、それを実験で証明《しょうめい》したのだ。

さらにこの実験で、これまで学者たちを悩《なや》ませてきたもうひとつの問題も解決《かいけつ》した。垂直《すいちょく》な自由落下と、水平の慣性《かんせい》による等速運動というふたつの運動は、それぞれに独立《どくりつ》して働くものだというこ

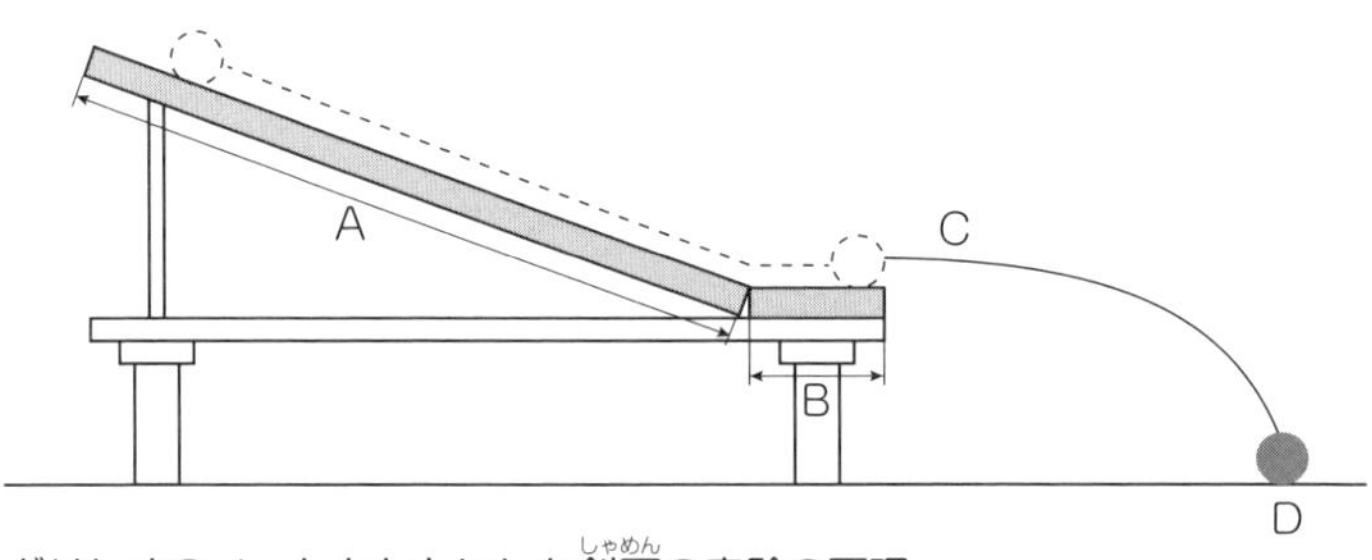

ガリレオのノートをもとにした斜面《しゃめん》の実験の再現

A：かたむけた平面を転がる　B：短距離《たんきょり》だけ水平に転がる

C：テーブルのはしからとびだす　D：床《ゆか》に着地する

とが明らかになったのだ。「自然」運動と「強制《きょうせい》」運動がたがいをじゃますることはなく、また、ふたつの要素《ようそ》は合わせることができる。

ガリレオは、とりあえずアリストテレスにならって「自然」と「強制《きょうせい》」ということばを使い、けっきょくそのまま一生をおえた。しかし、アリストテレスとはちがって、このふたつの運動を大きくことなるものだとは考えていなかった。

ガリレオの研究は、科学がやがて行きつくアイザック・ニュートンの理論《りろん》をめざして方向を変えるきざしをはらんでいた。それは「重力」の理論《りろん》、そして、「すべての運動は、ことなる複数《ふくすう》の力が働いた結果にすぎない」という理論《りろん》だ。しかしガリレオは、これらの力の性質《せいしつ》については知らなかった。ガリレオはこう書いている。

「まだ、石の落下の原理とその力についてきちんと理解《りかい》していないし、石が、投げた人の手をはなれてからなにによって上にむかうのかも、また、月がなにによって動いているのかも、わからない」

ガリレオは、コペルニクスと同じように、地球の形を保《たも》つ「重力」と同じ力によって太陽、月、惑星《わくせい》がひとつのまとまりになっていると考えていた。けれども、いっきにつぎの段階《だんかい》にとびうつることはできず、その同じ「重力」が惑星《わくせい》と月を軌道《きどう》にとどめているのか

地面に落ちるリンゴについて考えるニュートン。リンゴの落下を見て、月もこれと同じ重力で地球にひきよせられているのかもしれないとひらめいたといわれる。

どうか、決められずにいた。

ガリレオは、実験をもとにしたウィリアム・ギルバートの研究を高く評価《ひょうか》していた。ギルバートは１６００年ごろに、地球が大きな磁石《じしゃく》のような働きをしていることをしめしてみせた物理学者だ。

ガリレオは、惑星《わくせい》が「まるで磁石《じしゃく》でひっぱられるように」その軌道《きどう》にとどまっていると考えていた（同時期に、ドイツのケプラーも同じことを考えていた）。そして、これについては１６８７年にニュートンが、「万有《ばんゆう》引力《いんりょく》」という論《ろん》を用いて、より正確《せいかく》な説明をすることになる。

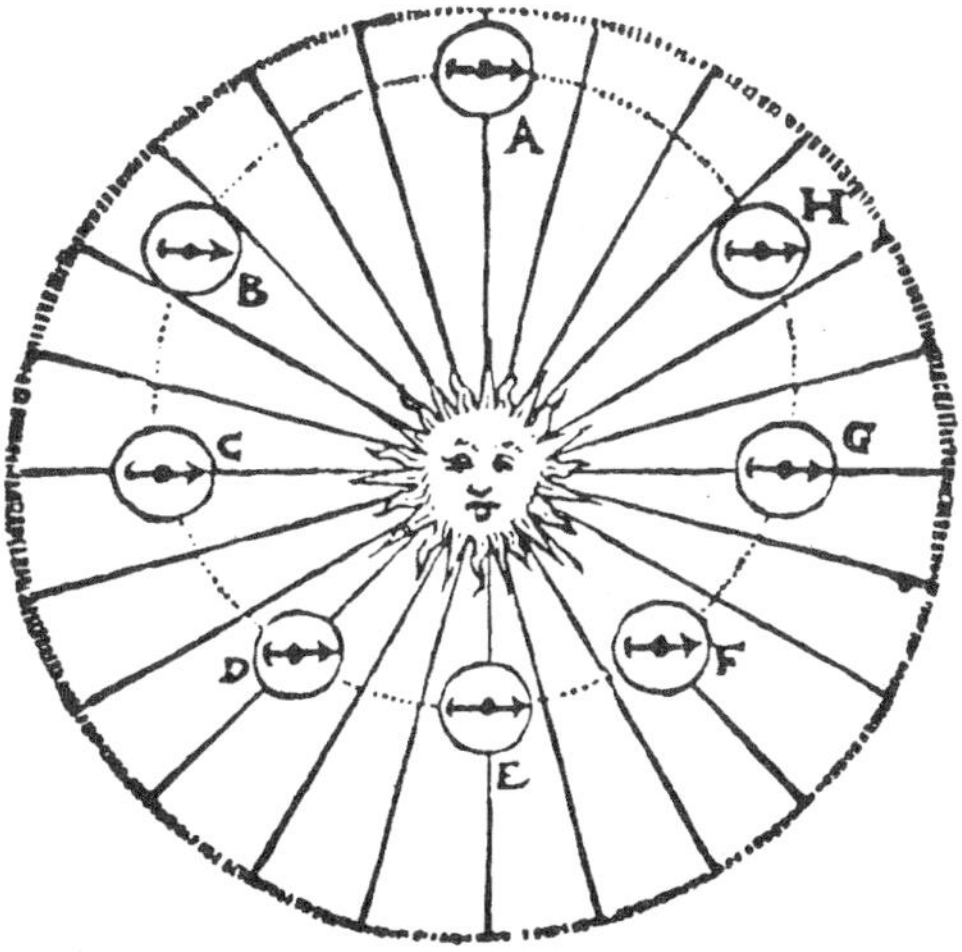

ケプラーは、惑星《わくせい》の軌道《きどう》が楕円《だえん》であることを発見し、その原因《げんいん》を、惑星《わくせい》と太陽のあいだに交互《こうご》に働く「合力《ごうりょく》」と「反発力」という、磁気《じき》コンパスに見られるような力で説明しようとした。

8 ガリレオの方法とその影響《えいきょう》

近代科学のすばらしい進歩の要因《よういん》は、科学者たちが実験と数学に重きをおきはじめたことにある。そのような動きはガリレオが生まれるまえから見られたが、進歩の基礎《きそ》をきずくためにガリレオがはたした役割《やくわり》は大きい。ガリレオは、研究に実験と数学をどのようにとりいれたのだろう?

自身の父親の、音楽に関する実験を見ていたため、ガリレオは小さいころから実験の重要性《じゅうようせい》を知っていた。しかし意外なことに、自分の本のなかでは実験についてほとんどなにも書いていない。わたしたちが知っている実験についての事実は、ガリレオが毎日つけていた手帳と、ガリレオの一生について書かれた本がもとになっている。これは、このあとの時代に出てくる**ロバート・ボイル**をはじめ、実験についてことこまかに報告《ほうこく》をする科学者たちとはまったくことなっている。

どうやらガリレオは、自分のためにだけ実験をしていたようだ。ある理論《りろん》や「直感」が正しいかどうか、自分で試したかったのだ。そして、実験によって自分の目でたしかめたら、こんどはその理論《りろん》を考えうるあらゆる方法でほかの人に説明した。一般常識《いっぱんじょうしき》を使って説明することもあったが、できるかぎり数学での証明《しょうめい》をおこなった。

けれどもアリストテレスの信奉者《しんぽうしゃ》は、数学では物質《ぶっしつ》の基本的《きほんてき》な「形」を説明することし

息子《むすこ》のビンチェンツォに自分の話を書きとらせているガリレオ。

ロバート・ボイル

イギリスの自然哲学者《しぜんてつがくしゃ》・科学者。トリチェリの水銀《すいぎん》を使った気圧《きあつ》の実験を自分の手で試したのち、それを発展《はってん》させ、気体の体積と圧力《あつりょく》の関係をしめす「ボイルの法則《ほうそく》」を発見した。また、『懐疑的《かいぎてき》な化学者』という本で、アリストテレスなどを批判《ひはん》し近代的な元素論《げんそろん》を説《と》いた。この本は、ガリレオの『天文対話《てんもんたいわ》』と同じく対話形式で書かれている。

ボイルは、研究の成果を熱心に人に伝えようとしていた。科学者どうしの交流も大事にし、イギリスでもっとも古い科学学会である王立協会の設立《せつりつ》にかかわった。ニュートンもこの協会の会員だった。

かできないといった。幾何学《きかがく》では、木のボールが「球形だ」という説明はできても、色や材質《ざいしつ》といった肝心《かんじん》なことはわからない。数学は物質《ぶっしつ》そのものと切りはなしてしか使えないというのだ。だが、ガリレオはそうは思っていなかった。かれは、数学からすべてを学び、数学を愛した。学生時代にガリレオは、アルキメデスが力学《りきがく》の問題を解《と》くのに数学を使ったことに感動をおぼえた。

また、ガリレオはこう書いている。

「宇宙《うちゅう》という本は、数学という言語で書かれている。文字は、三角形、円などの幾何学的《きかがくてき》な形で、これがなければ、人間は宇宙《うちゅう》という本をひとことも理解《りかい》できない」

実験には、摩擦《まさつ》や表面のでこぼこなど理論《りろん》にはないやっかいな問題も出てくるが、数学的土台は実験によってつくられる。ガリレオは、それを実行しようとした。

ガリレオは、すべての問題を重さ、距離《きょり》、時間、速度など基本的《きほんてき》な量におきかえ、かんたんに考えようとした。量にすれば、数学であつかうことができる。そこにはアリストテレスのいう4つの「元素《げんそ》」の入りこむ余地《よち》などない。

ガリレオの実験で、力学《りきがく》の法則《ほうそく》は元素《げんそ》の助けなしになりたつことが証明《しょうめい》された。重要なのは、元素《げんそ》の性質《せいしつ》ではなく、物質《ぶっしつ》の重さだった。17世紀の科学は、土、水、空気、火への

観察結果を記録するガリレオ

関心などさっさとすてて、物質《ぶっしつ》に関するべつな理論《りろん》をとりいれた。

いっぽう、ガリレオ以外の「哲学者《てつがくしゃ》たち」はどうだったのだろう？　アリストテレスを信じる大学教授《だいがくきょうじゅ》たちは、じつは師《し》の教えをきちんと理解《りかい》していたわけではない。アリストテレスは、実験こそしなかったが偉大《いだい》な哲学者《てつがくしゃ》であるとともに観察者でもあった。アリストテレスによると、変化のかげにひそむ重要な原因《げんいん》を明らかにするためには、「知っていることから知らないことへ」と、1歩1歩、論《ろん》を進めていかなければならない。こうして原因《げんいん》がわかれば、こんどはそれを、関連するほかの変化の説明に使うことができる。しかし、アリストテレスをあがめていた中世以降《ちゅうせいいこう》の人たちは、この方法の一部を実行したにすぎなかった。アリストテレスの論《ろん》をひとつ理解《りかい》すると、それをあらゆる説明に使ってしまったのだ。いちいち「現実《げんじつ》の世界」にたちもどって、新しく得た論《ろん》が正しいかどうかを証明《しょうめい》しようとはしなかった。また、ほとんどの人が、アリストテレスから知識《ちしき》を得るだけで、得た知識《ちしき》をもとになにかを考えようとはしなかった。

ガリレオの「実験重視《じゅうし》の方法」には無限《むげん》の可能性《かのうせい》がある。法則《ほうそく》にのっとるかぎり、実験や数学はどのようにでも使うことができる。かんたんな原則《げんそく》さえあれば、そこから複雑《ふくざつ》なことがらを解《と》きあかすこともできる。ガリレオの慣性《かんせい》と自由落下の法則《ほうそく》から投射物《とうしゃぶつ》が放《ほう》物線《ぶつせん》をえがくことが証明《しょうめい》できるのは、まえに見たとおりだ。ガリレオは『新科学対話』に、「わたしの研究は、はじまりにすぎない」と書いている。

まさにそのとおりだった。ガリレオが生きているときからすでに、生徒や弟子《でし》が集い、研究を受けついでいた。そして、実験と数学という方法をさらに多くのことに応用《おうよう》しだした。そのひとりベネデット・カステリは、べつの分野の「新科学」である水力学《すいりきがく》（流水に関する力学《りきがく》）をきりひらいた。また、ボナベントゥーラ・カバリエリは、数学の研究で重要な成果をおさめた。とくに速度や距離《きょり》など、瞬間的《しゅんかんてき》に変化する量の問題（ガリレオの自由落下の研究に通じるものがある）にとりくんだ。そして、生徒のなかでもっとも有名なのが、エバンジェリスタ・トリチェリだ。ガリレオからひきついだ研究もしていたが、かれの最大の手柄《てがら》は、気圧計《きあっけい》を発明して、そのしくみを明らかにしたことだった。

ところでガリレオは、とことんイタリアにこだわる科学者だった。イタリアでない地域《ちいき》に手紙を出すことはめったになかった。アリストテレスの信奉者《しんぽうしゃ》がかたくなにラテン語しか使おうとしないことに腹《はら》をたて、人生の後半はすべてイタリア語で本を書いた。イタリア語なら、ふつうの市民でも学識《がくしき》があれば読んで理解《りかい》することができる。しかしそのぶん、

水銀《すいぎん》気《き》圧計《あつけい》の原理を発見したトリチェリ

イタリア語を話さない国への研究発表ではおくれをとった。ガリレオの本のなかには、ヨーロッパの学者の共通語であるラテン語に翻訳《ほんやく》されるのがおそすぎたために、受けるべき評価《ひょうか》を受けられなかったものもある。

それでも、ガリレオの影響《えいきょう》は大きかった。ラテン語で書かれた『星界《せいかい》の報告《ほうこく》』で、ガリレオの名はヨーロッパじゅうに知れわたった。機械のしくみに関する『レ・メカニケ』も、多くの人に読まれた。そして、ヨーロッパで『天文対話《てんもんたいわ》』のラテン語訳《ごやく》が出るのに、そう時間はかからなかった。

しかし、『天文対話《てんもんたいわ》』はすべてのキリスト教徒にとって悪書《あくしょ》として知られるようになった。ガリレオが有罪《ゆうざい》になると、カトリック教徒のすべての天文学者《てんもんがくしゃ》が、おもてむきはティコの宇宙論《うちゅうろん》を信じると主張《しゅちょう》した。けれども、じっさいに注目されていたのは天動説のティコではなく、地動説のコペルニクスで、そのきっかけをつくったのは、ほかでもないガリレオの本なのだ。

近代科学をきずいたガリレオが亡《な》くなると、イタリアの科学界は勢《いきお》いをなくした。しかし、「古い学問」を否定《ひてい》する動きはヨーロッパのほかの国、とくにフランスとイングランドで本格的《ほんかくてき》になっていった。

フランスでは、数学と物理を研究した神学者《しんがくしゃ》マラン・メルセンヌが、新しい方法を用いたガリレオの研究を「真の自然科学」として広めた。いっぽう、哲学者《てつがくしゃ》であり数学者であるルネ・デカルトは、ガリレオをそこまで信奉《しんぽう》しなかった。デカルトは、実験と数学を重要だと考えていたが、それ以上に人間の理性《りせい》を重んじる「理性主義者《りせいしゅぎしゃ》」だったためだ。ガリレオは推論《すいろん》によるあやまちをおかさないように実験と数学を用いたが、デカルトは推論《すいろん》こそ人間を正しくみちびくと考えた。デカルト自身は推論《すいろん》によりあやまった結論《けつろん》にたどりつくことが多かったものの、理性《りせい》で考えることはたしかな方法だったので、17世紀の多くの科学者が、デカルトの影《えい》響《きょう》を受けていた。神ではなく人間の理性《りせい》を信じるという点で、デカルトも古い学問をすてた人だった。

イングランドは、ガリレオの影響《えいきょう》がもっとも大きかった地である。

１６４５年ごろ、ロンドンのグレシャム大学では、多くの「自然哲学者《しぜんてつがくしゃ》」が定期的に集

ルネ・デカルト（1596～1650年）
フランスの哲学者《てつがくしゃ》で数学者。はじめて慣性《かんせい》の定義《ていぎ》づけをした。

まるようになった。のちに王立協会となるこのグループは、「実験にもとづく新しい哲学《てつがく》」について議論《ぎろん》した。ガリレオの研究について、どこよりも活発な議論《ぎろん》が交わされた。数学者のジョン・ウォリス、聖職者《せいしょくしゃ》のジョン・ウィルキンズが、ガリレオの研究のよき理解《りかい》者《しゃ》で、のちには化学者のロバート・ボイルがそこにくわわった。ことに「コペルニクスの仮説《かせつ》」「木星の衛星《えいせい》」「真空《しんくう》、自然が真空《しんくう》をきらう性質《せいしつ》」「重い物質《ぶっしつ》の斜面《しゃめん》の落ちかた」に関心をもった。ウォリスは、ガリレオが哲学《てつがく》のむずかしい問題を力学《りきがく》の法則《ほうそく》を使って解《と》いた

ジョン・ウィルキンズ（1614～1672年）
聖職者《せいしょくしゃ》。本を書いて、ガリレオの研究をイングランドじゅうに広めた。また、ロンドンで毎週開かれた新しい「自然哲学者《しぜんてつがくしゃ》」の集会で、ガリレオの論《ろん》を紹介《しょうかい》した。

ガリレオの時代のイギリス

このころのイギリスは、イングランド王国、スコットランド王国という独立《どくりつ》した国々からなりたっていた。その後、スコットランドとアイルランドがイングランドに合併《がっぺい》された。現在《げんざい》のイギリスの国旗は、イングランド、スコットランド、アイルランドの国旗を組みあわせたもの。

ことに感服《かんぷく》したといっている。1638年、ウィルキンズは、ガリレオの研究をかなりとりいれながら、コペルニクス論《ろん》を支持《しじ》する本を書いた。『The Discovery of a World in the Moone（月の国の発見）』でウィルキンズは、「あの惑星《わくせい》にも人間が住める場所があるかもしれない」といっている。この本は著者名《ちょしゃめい》をふせて出版《しゅっぱん》された。イングランドは、ローマカトリック教会に抗議《こうぎ》するプロテスタントの国だが、その国の聖職者《せいしょくしゃ》でさえ、当時は多少の用心が必要だったのだ。

1664年、まだ若《わか》かったアイザック・ニュートン（1642〜1727年　ニュートンは、ガリレオが亡《な》くなった年に生まれた）は、ケンブリッジで教えを受けていたアイザック・バローから『天文対話《てんもんたいわ》』の英語訳《えいごやく》を見せられた。バローはガリレオを、「自分たちと同じ現代人《げんだいじん》だが、そのかしこさにおいて、古代の学者といっていい」と考えていた。ニュートンは、いうまでもなく万有引力《ばんゆういんりょく》という偉大《いだい》な論《ろん》で知られる科学者だ。万有引力《ばんゆういんりょく》を使えば、投射体《とうしゃたい》の軌跡《きせき》だけでなく惑星《わくせい》の回転速度と軌道《きどう》の説明もできてしまう。地球からはるか遠くにある月のような物体も、地上でクリケット（2チームが平たいバットでボールを打ちあい得点を競う、イギリスの伝統的《でんとうてき》スポーツ）のボールが投げられるのと同じ規《き》則《そく》にしたがって、軌道《きどう》にとどまっている。

ニュートンは、ガリレオが書いた地球の運動に関する論考《ろんこう》を読んだ。そのなかには、まえにふれた、塔《とう》から落とした重りの軌跡《きせき》についてのものもあった。歴史家たちの推測《すいそく》では、ニュートンはこの論考《ろんこう》をきっかけに、月も地球の上空で「落ちつづける」投射体《とうしゃたい》だと考えられないかと思うようになったという。ニュートンは、自分の計算にガリレオの計算までとりいれた結果、月はやはり投射体《とうしゃたい》だと断言《だんげん》できることをたしかめた。

また、慣性《かんせい》についてはじめて正しく説明をしたのはデカルトだが、ニュートンも、ガリレオの研究からこの重要な考えの糸口をつかんでいたものと思われる。

ニュートンの万有引力《ばんゆういんりょく》の法則《ほうそく》は、すでに見すてられる運命にあった天動説にとどめをさした。けれども、地球がほんとうに動いていることがじっさいに証明《しょうめい》されたのは、19世紀になってからのことだった。天文学者《てんもんがくしゃ》たちは、「視差《しさ》」を用いればこれが証明《しょうめい》できると考えていた。太陽のまわりをまわる地球から天体を観測《かんそく》する人は、走っている列車のまどから外を見ている人にたとえることができる。列車が進むと、遠くの景色《けしき》はあまり変わらないのに、近くにある木々はつぎつぎと後ろにとんでいくように見える。視差《しさ》のちがいが引きおこす現象《げんしょう》だ。これと同じように、もし地球が動いているのなら、地球からずっと遠く

落ちつづける月

投射体《とうしゃたい》（投げられたもの）は、投げられてしばらくすると、重力にひかれて地面に落ちる（A）。もっと速く投げると、もっと遠くまで進んでから落ちる（B）。このとき、地球をなめらかな球体だと想定すると、地球の地面は（どこまでも水平なわけではなく）丸いので、Aのときよりも地面が（わずかながら）低くなり、地面に落ちるまで、その高さの差の分だけ長い距離《きょり》を進むことになる。

　あくまで理論上《りろんじょう》の想定だが、もし、人力をこえて、ものすごく速くボールを投げることができるとする。すると、ボールが落ちて着地しようとするたびに、地球のまるみで地面が低くなるため、ボールは地面につくことができずにそのままとんでいき、とうとう最後にはぐるっとまわってもとの場所までもどり（C）、またつぎの1周に入ることになる。

　この運動を「周回運動」という。投射体《とうしゃたい》は、つねに地球の中心にひっぱられながら（つまり落ちながら）地球のまわりをまわりつづけるだろう。月もこれと同じ周回運動をしているため、「落ちながら」地球のまわりをまわっているのだ。

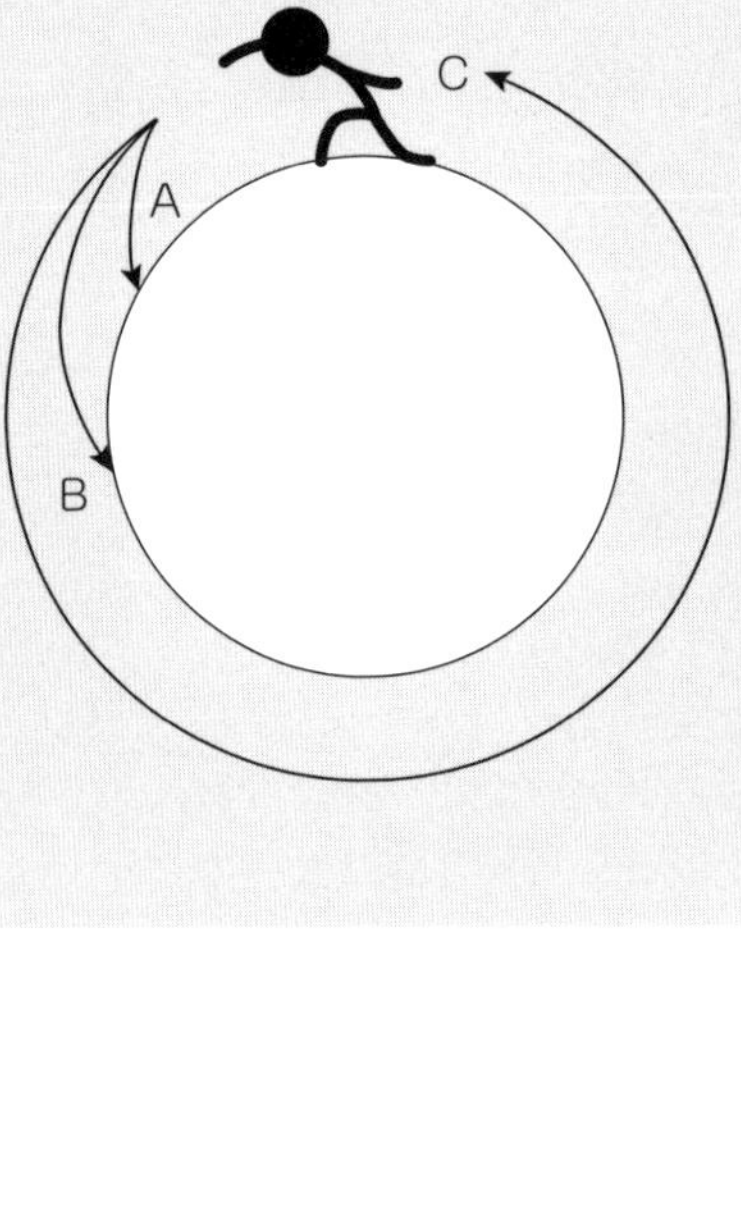

視《し》差《さ》

2つの地点の位置のちがいによって（ここでは、見る者が移動したことで）、対象となるものの見える方向がことなること。または、その角度差。

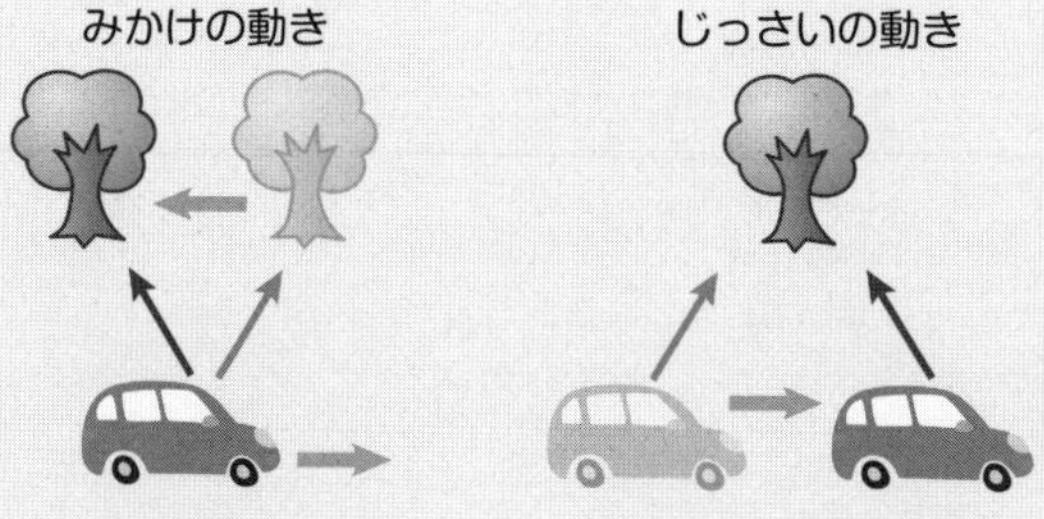

自動車を運転する人からは、木がうしろに動くように見える。

ほんとうは、自動車が動いた。

少しまえには ／ の方向に見えた木が、

いまは ＼ の方向に見える。

この見える角度の差を視《し》差《さ》という。

つまり……

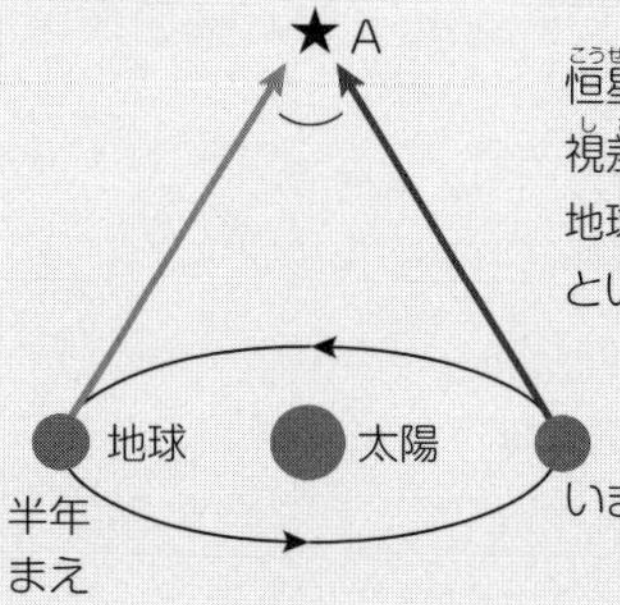

恒星《こうせい》Ａを観測《かんそく》して視《し》差《さ》が出れば、地球は動いているということになる。

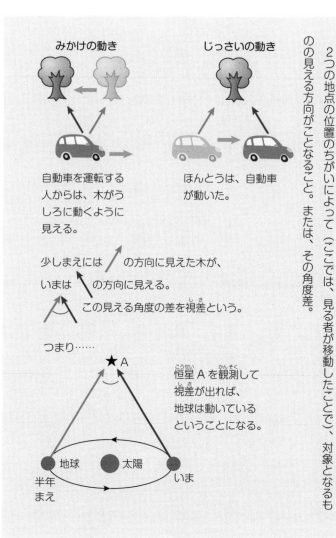

の星々がほとんど動かない一方《いっぽう》で、近くにある星は動いて見えるはずだ。

しかし、地球の近くにある星といってもかなりの距離《きょり》があるため、じっさいの視差《しさ》はとても小さな値《あたい》になる。この小さな視差《しさ》を測《はか》るためには、望遠鏡などの観測機器《かんそくきき》の正確《せいかく》さと長年にわたる観測《かんそく》データが必要で、証明《しょうめい》には時間がかかった。そしてついに、ドイツの天文学者《てんもんがくしゃ》フリードリヒ・ベッセルが年周視差《ねんしゅうしさ》を測《はか》ることに成功し、その結果を1838年に報告《ほうこく》した。

レオン・フーコーは、1851年にべつの実験で地球が日々自転していることを証明《しょうめい》した。フランスのパリにあるパンテオンという建物の天井《てんじょう》からとても長い振《ふ》り子《こ》をつるし、それをそっとゆらすと、時間がたつにつれて、振《ふ》り子《こ》のゆれる方向が変化した。だが、動いたのは振《ふ》り子《こ》ではなく、その下の地球だった。ガリレオがこの実験を見たらよろこんだ

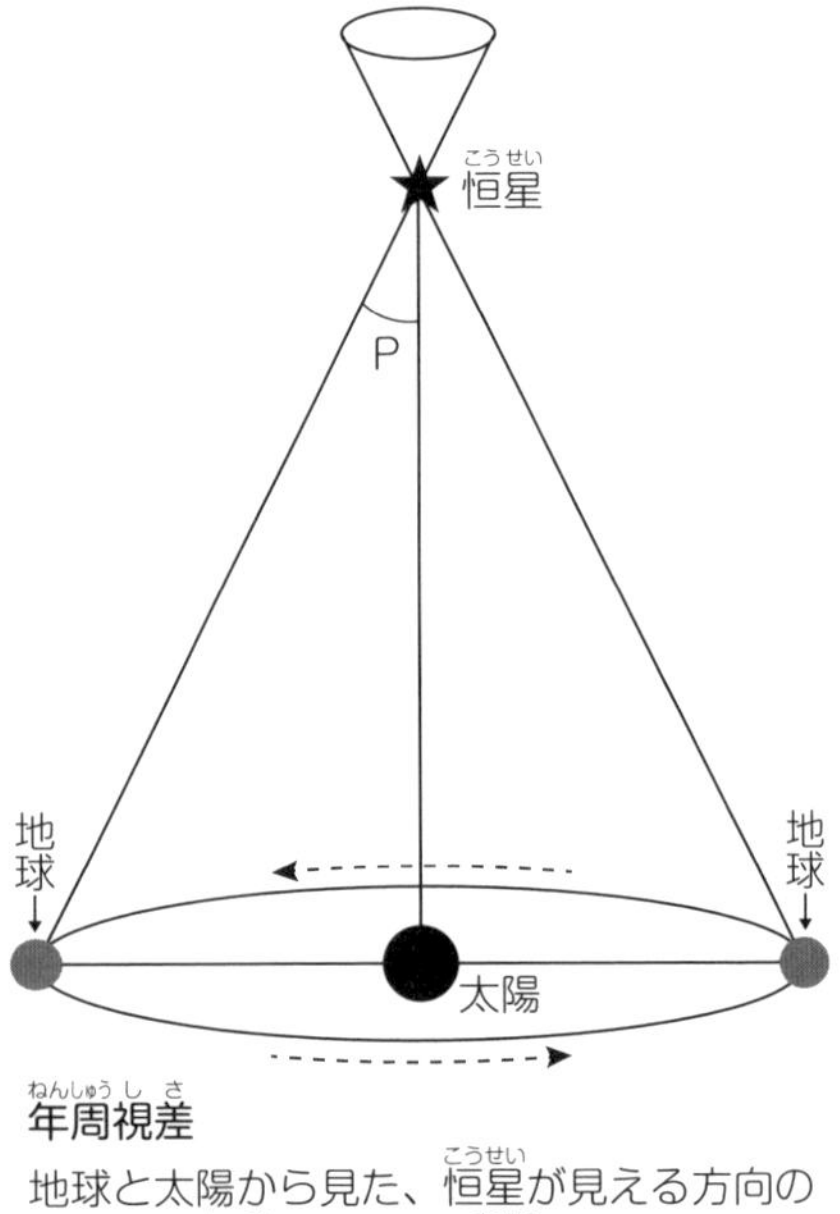

年周視差《ねんしゅうしさ》
地球と太陽から見た、恒星《こうせい》が見える方向のちがい（視差《しさ》）の最大の値《あたい》。図のPの角度となる。

1851年にパリのパンテオンでおこなわれた、レオン・フーコーによる振《ふ》り子《こ》の実験。

ことだろう。それまでも、地球が動くという説をささえてきたのは、実験と数学だったのだから。

9 人生のおわりに

長い一生の最後の数年も、ガリレオはおどろくほど熱心に研究にとりくんだ。『新科学対話』を完成させたほかに、運動と衝突《しょうとつ》の研究もつづけていた。亡《な》くなる数か月まえには、ユークリッドの数学についての新しい本を書きはじめた。アルチェトリの別荘《べっそう》から外の世界に出ることはできなかったが、手紙は出すことも受けとることもできた。大事な客をむかえることもゆるされており、イギリスからは、詩人のジョン・ミルトンがたずねてきた。

ガリレオは以前よりもゆったりとした時間をすごすことが多くなり、よく庭に出て、楽しそうに、じまんのブドウの手入れをしていた。だが、病気のせいでワインがのめなくなったことは、大きな悲しみだった。ガリレオは、ワインを「うるおいにつつまれた光」とよんでいた。

ガリレオは正式な結婚《けっこん》はしていなかったが、フィレンツェのマリナ・ガンバという女性《じょせい》とのあいだに娘《むすめ》がふたりと息子《むすこ》がひとりいた。

ガリレオは、パドヴァ時代がおわる46歳《さい》のとき（１６１０年）に、たがいのことを考えたうえでガンバと別れることを決め、ふたりの娘《むすめ》は修道院《しゅうどういん》に入れていた。上の娘《むすめ》のビルジニアとはとくに親しく、アルチェトリの別荘《べっそう》にうつったのも、ビルジニアの修道院《しゅうどういん》に近くなるという理由からだった。１６１６年の最初の審問《しんもん》と１６２０年の自分の母親の死ののちはますますビルジニアをしたい、おおいなる心のなぐさめとしていた。ところがビルジニアは、１６３４年にガリレオより先に亡《な》くなってしまう。それは、ガリレオにとって耐《た》えがたい悲しみだった。数か月間はなにをしてもつまらなく、砂《すな》をかむような日々を送った。

イギリスの詩人ジョン・ミルトンが、ガリレオをたずねた。

1637年の年明けからは視力《しりょく》がおとろえ、8月には完全に見えなくなってしまったので、そのつぎの年にようやく出版《しゅっぱん》となった『新科学対話』も読むことはかなわなかった。

一人息子《ひとりむすこ》のビンチェンツォは、父の最後の数年をともにすごした。ふたりは、振り子時計《ふりこどけい》をつくろうとしていた。発想のもとは、ガリレオが50年まえにピサの大聖堂《だいせいどう》で目にした、ゆれるシャンデリアだった。ビンチェンツォは、ガリレオが口で説明した設計《せっけい》をもとにじっさいに動く模型《もけい》の製作《せいさく》にとりかかったが、完成はしなかった。実用的な振《ふ》り子時計《こどけい》をはじめてつくったのは、ガリレオ親子ではなくオランダのクリスティアーン・ホイヘンスだ。ホイヘンスが最初の見本をつくりはじめたのは1656年のことで、ガリレオの振《ふ》り子時《こど》計《けい》のことはまったく知らなかった。

ガリレオの熱心な生徒のひとりだったビンチェンツォ・ビビアーニもまた、1639年にガリレオの別荘《べっそう》にきて、助手をしたり手紙の代筆をしたりしながら最後まで師《し》といっしょにすごした。ビビアーニはのちに、尊敬《そんけい》する師《し》の伝記を書く。最後の数か月間は、そこにトリチェリもくわわった。

ガリレオは、40歳《さい》のころに寒気《さむけ》からくるひどいかぜで命を落としそうになり、それからはずっと、リウマチやそのほかの病気に悩《なや》まされた。最後の数年は、リウマチの発作がひどくなり、回数もふえていた。そして、1641年11月に発熱と腎臓《じんぞう》の病気で寝《ね》たきりになると、翌年《よくねん》の1月9日に天にめされた。

はじめはフィレンツェにあるサンタ・クローチェ聖堂《せいどう》のそまつな墓《はか》に入ることしかできなかったが、100年近くたってようやく、ローマカトリック教会はガリレオのためにりっぱな墓《はか》をたてることをゆるした。イタリアの「科学の人」は、いまではイタリアの「芸術《げいじゅつ》の人」であるミケランジェロのそばにねむっている。

さらに年月を経《へ》た1979年11月、審問《しんもん》からほぼ350年後に、法王ヨハネ・パウロ2世がアインシュタイン生誕《せいたん》100年記念祝典の講演《こうえん》で、偉大《いだい》な科学者ガリレオにたいする教会の決定について再調査《さいちょうさ》するよう、正式に求めた。

亡《な》くなる直前のガリレオ

そして1992年、ヨハネ・パウロ2世はローマカトリック教会のあやまちをみとめ、ガリレオに謝罪《しゃざい》した。死後約330年にして、ようやくガリレオは名誉《めいよ》をとりもどしたのだった。

ガリレオ略年表《りゃくねんぴょう》

1564年	2月15日、ピサで生まれる
1581年	ピサ大学に入学し、医学を学ぶ
1585年	学位をとらずにピサ大学を去る。数学の個人教授《こじんきょうじゅ》をはじめる
1589年	ピサ大学の数学教授《すうがくきょうじゅ》になる
1592年	パドヴァ大学にうつり、ふたたび数学を教える
1597年	「コペルニクスの宇宙論《うちゅうろん》を信じる」とケプラーに手紙で打ちあける
1599年	フィレンツェでマリナ・ガンバと出会う。3人の子――ビルジニア（1600年生まれ）、リビア（1601年生まれ）、ビンチェンツォ（1606年生まれ）――にめぐまれる
1602～1609年	運動に関する研究のうちで、もっとも重要な研究「なめらかな斜面《しゃめん》を使った実験」をする。
1603年ごろ	ひどいかぜにかかり、そののちは一生、リウマチの発作に苦しむ

1609年	発明された望遠鏡の性能《せいのう》をあげ、観測《かんそく》をはじめる
1610年	トスカーナ大公《たいこう》に仕《つか》えるためパドヴァを出てフィレンツェに行く 『星界《せいかい》の報告《ほうこく》』を発表
1612年	「太陽黒点《たいようこくてん》についての手紙」で、コペルニクス論《ろん》への支持《しじ》と慣性《かんせい》の法則《ほうそく》を、はじめて公《おおやけ》にする
1616年	ローマカトリック教会から、コペルニクスの宇宙論《うちゅうろん》を信じることや、その論《ろん》が正しいと主張《しゅちょう》することを禁《きん》じられる
1623年	法王ウルバヌス8世が、教会の考えに反する本を書くことを、条件《じょうけん》つきで許可《きょか》する
1632年	2月に『天文対話《てんもんたいわ》』を出版《しゅっぱん》。10月にローマによびだされる
1633年	終身刑《しゅうしんけい》をいいわたされる。シエナに追いやられたのち、フィレンツェのいなかにある別荘内《べっそうない》で一生をすごす
1634年	娘《むすめ》のビルジニアが亡《な》くなる 運動の研究をつづける
1637年	失明する

1638年	オランダのライデンで『新科学対話』を出版《しゅっぱん》
1642年	フィレンツェのアルチェトリで1月9日に亡《な》くなる

索《さく》 引《いん》

太数字は、キャプション

作者―マーチン・サジェット（Martin Suggett）

1973年に物理学位を取得し、ロンドンの科学博物館につとめた。その後、物理学・天文学・数学の研究をし、科学史の理学修士をおさめた。

訳者―おおつかのりこ（大塚典子）

福島県で生まれ育つ。北海道大学文学部英米文学専攻卒業。訳書に『ルルと魔法のぼうし』（徳間書店）、共訳書に『アメリカ児童文学の歴史』（原書房）、共著に『イラスト案内 社会のしくみ図鑑』（玉川大学出版部）など、やまねこ翻訳クラブ会員。

装画：小平彩見
装丁：中浜小織（annes studio）
協力：河尻理華

編集・制作：株式会社 本作り空 Sola

世界《せかい》の伝記《でんき》 科学《かがく》のパイオニア

ガリレオと新《あたら》しい学問《がくもん》

2016年5月10日　初版第1刷発行

作　者――――マーチン・サジェット
訳　者――――おおつかのりこ
発行者――――小原芳明
発行所――――玉川大学出版部
〒194-8610　東京都町田市玉川学園6-1-1
TEL 042-739-8935　FAX 042-739-8940
http://www.tamagawa.jp/up/
振替：00180-7-26665
編集　森　貴志
印刷・製本――図書印刷株式会社

乱丁・落丁本はお取り替えいたします。
ⓒTamagawa University Press　2016　Printed in Japan
ISBN978-4-472-05966-7　C8323 / NDC289